小学校「特別の教科 道徳」の授業プランと評価の文例

中学年

道徳ノートと通知表所見はこう書く

日本道徳教育方法学会 会長 渡邉 満 編著

時事通信社

はじめに

　「特別の教科　道徳」（道徳科）が立ち上がって 2 年目を迎えました。2020 年 4 月からは 2 年前に改訂された学習指導要領も完全実施されます。道徳も改訂版教科書となり，他の教科と歩調を合わせて，本格的に「主体的・対話的で深い学び」に取り組むことになります。

　ところが，道徳の学会や各種研修会，教員免許更新講習会等では，教科となった道徳の授業について疑問や不安の声が依然として多く聞かれます。先生方においては，この 2 年間，教科としての道徳の授業展開や評価の記述の在り方について，多様な理解や捉え方に戸惑いながらも，これまでの経験を基に，苦心して取り組まれてきたのではないでしょうか。

　そこで，先生方の疑問や不安にお応えするために 2019 年 3 月に刊行し，好評を頂いた『中学校「特別の教科　道徳」の授業プランと評価の文例』に続いて，その小学校版を刊行することにしました。その際，本小学校版では，低学年，中学年そして高学年に分冊して刊行することにしました。授業プランと評価文例は，個々の内容項目ごとにお示しすることが必要だという考えもありましたし，特に，学習指導要領で求められている道徳的価値の理解に終わることなく，それを基に，子供たちが問題解決的な学習や体験的な学習に取り組み，自分のこれからの生き方を主体的により深く考える道徳授業と評価を実現するには，低学年，中学年そして高学年それぞれの発達段階への対応が欠かせないと考えたからです。

　個人差もありますが，おおむね小学校中学年では，子供たちの生活や思考が大きく変わっていきます。それまでは家族や先生，身近な大人たちとのタテ関係の中で考え，行動することが多いのですが，低学年の中ほどから中学年になりますと，仲の良い友達やクラスの仲間とのヨコ関係が気になり，自分を基準にしながらも相手の気持ちや思いを推し量るようになります。これは大人や友達との関係が変わっていくことにもつながります。友達との共通の視点でさまざまなことを考え行動するこの時期は，内面での葛藤もありますが，子供たちの道徳的成長にとって重要な時期です。そのことを踏まえて，道徳的価値を学ぶ「学び」の在り方に着目しながら，子供たちの道徳的な思考や考え方の発達を促す授業が重要であると考えています。それが新学習指導要領の基本だと思われます。

　今回の学習指導要領は，新たな社会の変革「Society 5.0」を念頭に策定されていると言われていますが，私たちもこれからの社会を見通した道徳授業と評価を目指したいと考えています。

　最後になりましたが，本書の企画から編集のすべてを手際よく進めていただいた，時事通信出版局の荒井篤子さんに心から感謝の意をお示ししたいと思います。

2019年10月

編著者　渡邉　満

目次　　　　　　　　　　　　　　　　　　　　　　　　　　　　中学年

はじめに　……………………………………………………………………………　3
本書の構成と特長　…………………………………………………………………　6

第1章　道徳の授業と評価のポイント

1　対談　「道徳」で学びの土台をつくる………………………………………　8
2　発達段階による特徴を押さえよう……………………………………………18

第2章　授業の実践事例と評価文例集

内容項目A　主として自分自身に関すること

1　善悪の判断，自律，自由と責任　　　（教材：ドッジボール）………………20
2　正直，誠実　　　　　　　　　　　　（教材：ひびが入った水そう）…………24
3　節度，節制　　　　　　　　　　　　（教材：いっしょになって，わらっちゃだめだ）28
4　個性の伸長　　　　　　　　　　　　（教材：じゃがいもの歌）………………32
5　希望と勇気，努力と強い意志　　　　（教材：一りん車にのれた）……………36

内容項目B 主として人との関わりに関すること

6　親切，思いやり　　　　　　　　（教材：六べえじいとちよ）……………40

7　感謝　　　　　　　　　　　　　（教材：大通りのサクラなみ木）………44

8　礼儀　　　　　　　　　　　　　（教材：いいち，にいっ，いいち，にいっ）48

9　友情，信頼　　　　　　　　　　（教材：大きな絵はがき）……………52

10　相互理解，寛容　　　　　　　　（教材：たまちゃん，大すき）…………56

内容項目C 主として集団や社会との関わりに関すること

11　規則の尊重　　　　　　　　　　（教材：雨のバスていりゅう所で）………60

12　公正，公平，社会正義　　　　　（教材：となりのせき）………………64

13　勤労，公共の精神　　　　　　　（教材：点字メニューにちょうせん）……68

14　家族愛，家庭生活の充実　　　　（教材：お母さんのせいきゅう書）………72

15　よりよい学校生活，集団生活の充実（教材：しょうたの手紙）……………76

16　伝統と文化の尊重，国や郷土を愛する態度（教材：ふるさとを守った大イチョウ）……80

17　国際理解，国際親善　　　　　　（教材：三つの国）…………………84

内容項目D 主として生命や自然，崇高なものとの関わりに関すること

18　生命の尊さ　　　　　　　　　　（教材：走れ江ノ電　光の中へ）……88

19　自然愛護　　　　　　　　　　　（教材：ツバメの赤ちゃん）……………92

20　感動，畏敬の念　　　　　　　　（教材：花さき山）………………………96

※本書は小学校道徳科の教科書「新しい道徳」（東京書籍）掲載の教材を扱っています。

本書の構成と特長

　第1章「道徳の授業と評価のポイント」では，道徳科になった趣旨と教科となった道徳の授業づくり，評価の基本的な考え方等について対談形式でまとめています。また，授業を進める際に考慮しておきたい児童の「発達段階による特徴」を最後に記しました。

　第2章「授業の実践事例と評価文例集」では，小学校学習指導要領で示されている内容項目に沿って，それぞれ4ページ構成で次の視点でまとめています。

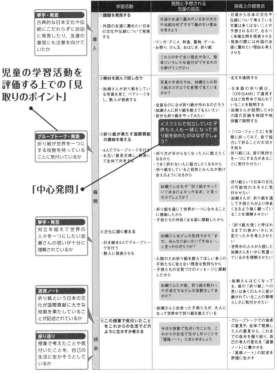

教材に対応した1単位時間あたりの指導略案です。

授業のねらい

　その内容項目の道徳的価値，想定される児童の実態，教材の概要と学習課題および授業のめあてを示しています。

授業づくりのポイント

　導入時の工夫やペアトークの活用など，深く考えさせるためのポイントをまとめています。

本教材の評価のポイント

　①児童の学習に関わる自己評価，②教師のための授業の振り返りの評価の2つの視点で示しています。

道徳ノートの評価文例

　児童が学習のまとめとして書く「道徳ノート」や「ワークシート」等への評価文例です。次の2つの視点で示し，「学年別漢字配当表」に従って，児童が理解できる表現で記述しています。

　児童の学びの成長を「認める視点」，さらに「励ます視点」

 通知表の評価文例として，<u>不適切な表現例とその理由</u>を示しています。

通知表の評価文例

　通知表の「特別の教科　道徳」の評価・所見欄への参考例です。児童の授業中の様子に注目して，特徴的な学びの姿（「成長した」「がんばった」点）を想定し，児童や保護者に分かりやすく伝わるようにまとめています。

指導要録の評価文例

　指導要録の「特別の教科　道徳」（学習状況及び道徳性に係る成長の様子）欄に記述する際の参考例です。簡潔な表現の中にも児童のよさが伝わるようにまとめています。

第1章

道徳の授業と評価のポイント

対談 渡邉 満（広島文化学園大学教授） × 石川 庸子（埼玉県川口市立芝小学校校長）

「道徳」で学びの土台をつくる

◆「特別の教科 道徳」の「特別」の意味

――道徳科が道徳教育の要（かなめ）であるということは，具体的にどういうことですか？

渡邉 古い話になりますが，今私たちが取り組んでいる学校の「教育」と「道徳教育」は，欧米で，およそ17,18世紀ごろから盛んに論議され始めました。皆さんよくご存じのコメニウスやルソーといった人たちが取り組み始めるのですが，学校教育の基本的な形ができてくるのは，19世紀になってからです。「頭と手と心臓」（今日では，「知・徳・体」とも言います）の調和を強調したスイスのペスタロッチーの学校に世界中から参観者がやってくるのは1808年ごろです。

その後，産業や社会の仕組みも大きく変化し，また国の形も国民国家になってきますと，国民として，また市民として必要なものを育てる近代学校が登場し，いわゆる「読み・書き・そろばん（計算）」だけでなく，さまざまな知識・技能等を教授することになります。そんな中で，19世紀半ばには先の人々の考え方を受け継ぎながら，すべての子供を対象に人間としての在り方をしっかり育てることが最も重要と考えられてきます。ヘルバルトの教育的教授という教科教授と道徳教育の統合論はよく知られています。そのころから教育と言えば，先ずは道徳教育と考えられるようになります。

我が国でも，明治になって学校が創設され，「修身」という科目がありました。国の形が定まると，教育勅語に基づきながら「徳育」と呼ばれ，道徳教育が教育の中心に位置づけられてきました。戦後は修身による道徳教育の行き過ぎが反省され，道徳教育は学校の教育活動全体で行う全面主義的道徳教育が原則になり，今日まで続いているのです。

「道徳の時間」のときも「道徳科」になって

道徳と教科の学習とは親密につながり合っています

■渡邉 満
広島文化学園大学教授
兵庫教育大学，岡山大学を経て2016年4月より現職。
日本道徳教育方法学会・会長。

も，道徳教育は，学校の教育活動全体を通じて行うことが基本であり，道徳の時間や道徳科は，学校の教育活動全体で行う道徳教育を補充・深化・統合をするため，つまり学校で道徳の学習を進めていくときの要になるものだと学習指導要領で位置づけられているのです。ですから，道徳の時間のときから，他の教科での学習につながる学びを行っていくことが求められてきました。このことは，道徳科になっても変わらない重要な点です。道徳科での道徳の学習をしっかりと進めていくことによって，各教科・領域での学習の中にある道徳の学びの部分が，より豊かになっていくという側面もあります。

石川 私もそう思います。子供たちが道徳科の授業の最後に学習のまとめを書くことがあります。そのときに子供たちはいろいろ思いを巡らし，この1時間で獲得したもの以上のことを記述する子が結構います。以前の道徳科の授業と結びつけて書く子もいれば，社会科で学んだこととつなげて，自分の生き方について書くような子もいるのです。また，実生活と重ね合わせて書く子もいます。日常の学びやこれまでの経験につなげたり深めたり，時には難しさを再認識しながら，未来に向けての思いを記述しています。これは，今求められている「社会に開かれた教育課程」の観点からも大きな意味があると思っています。

渡邉 他の教科の学習で学んだ知識・技能や道徳的在り方を自分の生き方に生かしていくという点で，道徳科は大きな役割を果たしていくことができるということですね。ですから，道徳の学習と教科の学習とは親密につながり合っていると考えた方がいい。これが道徳教育は学校の教育活動全体を通じて行うということであり，道徳科がその要になるということなのではないかと思います。

私はさらにもう少し踏み込んで，道徳の学びが各教科や領域の学びの土台をつくるとも考えています。道徳の学びが土台をつくって，その上に教科や領域の学習が乗っかっていくというか，うまく展開していくのではないかと思っています。だから「道徳科」は「特別」なんだと……。

◆変わる「道徳」の授業

――道徳の教科化の導入前と導入後では，授業者の意識は変わりましたか？

石川 大きく変わったなと捉えています。ど

教科化によって，より「子供の学び」を真剣に考えるようになってきました

■石川　庸子
埼玉県川口市立芝小学校校長
1999年から2年間，埼玉県教育委員会からの派遣により兵庫教育大学大学院で道徳教育について研究。埼玉県知事部局青少年課兼埼玉県教育局生徒指導課を経て，2016年4月から現職。

ちらかというと，今までは主人公の気持ちを問うだけの授業が多かったように思います。でも，道徳が教科化されたのを皮切りに，「考え，議論する道徳」という方針が打ち出され，先生方がそういう道徳の授業をつくるにはどうしていったらいいのか，そしてその評価の問題も一体として，より「子供の学び」を真剣に考えるようになってきたと思います。

かつて低学年の授業でよく見かけたのが，何と答えると先生はニコッと笑ってくれるのだろうと子供たちが考え，先生の中にある何か正しいもの（道徳的価値）を子供たちが探る姿でしたし，そのような授業もありました。

でも，これからは，そういう授業ではなくて，子供同士がお互いの意見を出し合いながら，ああなんじゃないか，こうなんじゃないか，こういう考え方もあると思うんだけど，どうしてそう思うのかという根拠を明らかにしながら考えていく。そこに教師自身も一人の人間として，授業にコミットメントしながら，何かその時間で学ぶべきものをみんなで創り上げていくような，そういう学びのある時間でありたいと思います。これは，「OECD Education 2030 プロジェクト」や「持続可能な開発のための教育（ESD）」にもつながると考えています。

渡邉 例えば，「友情」にしても「思いやり」にしても，それぞれ道徳的な深さがあり，多様な側面があって，結構複雑なものだと思います。だから先生が「分かったかな，これが友情だよ」というふうには言えないものではないでしょうか。それは友情というものが抽象的に存在するのではなくて，日常生活の中で成長しながら生きている一人の人間の在り方の一つだからですね。いろいろな立場から見ていくと，それぞれ違った側面のものに思えてくる。そこで言えるのは，いろいろな場面でそれは友情と言えるか，言えないか，それはどうしてかだと思います。

――その道徳における学びと新しい学習指導要領が求める学びは，どのような関係ですか？

渡邉 道徳科ができて，学習指導要領の全体も大幅に改訂されて，その2つがつながってきたと思います。例えば，今までの道徳の授業というのは，道徳的価値があって，それをしっかりと子供たちに理解してもらう，身につけてもらうということでした。ところが，それでは子供たちの在り方は変わらないという問題にぶつかったのです。むしろ子供たちが自分の生き方や在り方を深く考え，見直すために必要な力が重要なのではないか。他のいろいろな教科でも，知識や技能を一つ一つ，基礎・基本に当たるものを確実に習得してもらう，それが授業の基本でした。一方で，「考える力」もとても大事なものじゃないかと言われてきたわけですけれども，なかなかそれが具体化していかない。そうしている間にど

学び合う仲間がいることも，学校での学びの意味です

第1章◆道徳の授業と評価のポイント

んどん世の中が変わっていって、一つ一つの知識・技能というのは古くなっていってしまう。だから、基礎・基本は大切にしながらも、知識・技能を身につけることだけが最終目標ではないということが、一歩踏み込んで言われるようになってきたということです。

新学習指導要領では、これからの社会で子供たちに必要となる資質・能力を「生きて働く『知識・技能』」「未知の状況にも対応できる『思考力・判断力・表現力等』」、そして「学びを人生や社会に生かそうとする『学びに向かう力・人間性等』」という3つの柱で整理しています。この3つの枠組みをしっかりと先生方が押さえておくことが大切だと思います。それは結局何かと言ったら、要するに知識や技能や道徳的価値を教えるというこれまでの考え方を見直すことじゃないかと思います。

大切なことは、先生が知識や道徳的価値を学ばせていくことが、子供たちと一緒に行う授業の実質的な部分だという考え方から離れることだと思います。道徳科で言えば、<u>道徳的な価値を学んでいくことを通して一人一人が自分をより深く振り返っていく。自分の生き方をしっかり考えることによって、そのために必要な力を獲得する</u>。他の教科であれば、知識や技能を身につけていく学びを通して、その知識や技能をつくり出していくために必要な力を身につけていくということです。そういう学びによってそういう力が身についていくし、同時に学ぶことの楽しさ、学び続ける力みたいなものも身についてくる。これは、道徳科と他の教科・領域の学びがつながって、総合的なものである人間性が豊かに育っていくということでもあります。

他者との対話というのが、道徳の学びの本体です

石川 私は学校でそういう学びをする一番大きな意味は、「学び合う仲間がいる」ということだと思います。一人ではなかなかいろいろな考えに出合うことはできませんが、子供たち同士で学び合っていく。その中で子供たちが多様な意見に出合って、多面的・多角的に考えて、今までの自分の考えを更新していくような営みとしての学びができていきます。

ぼんやりしていた自分の考えが友達と対話することではっきりしてきたり、時には、そういうように自分は思っていたけれども、新しい考えに出合って「そうか、違ったのか」と自分の考えを更新したり……。実はそういうことが子供たち一人一人に、そして教室という社会の中で起こっているということを、もっともっと私たち教師は理解してもいいのではないかと思います。

渡邉 そうなんですよ。他者との対話というのが道徳の学びの本体なんです。その本体の学びの成果が生かされていくのが自己との対話です。

石川 そうすると、「主体的・対話的で深い学び」という、そこに直結してくる学びにな

11

話し合うためのルールを理解しておくことが大切です

ります。

渡邉 だから「考え, 議論する道徳」となるわけです。「主体的・対話的で深い学び」というのと同じことを言っている。それがしっかり子供たちに受け止められるためには, 先生方が, 大事な役割を果たしていくことになります。

――そのときの教師の役割とは何ですか?

渡邉 学びの主体は子供ですよね。そのとき先生はコーディネーターとかファシリテーターとか, 補助者というようになって, 役割が小さくなっていくように思われますけれども, とんでもないです。逆に大きくなる。「考え, 議論する」ような学習に子供たちが取り組むためには, 先生が授業をきっちり整えていかないとできないのです。

例えば, シンポジウムで3人ぐらいのシンポジストが舞台に出て議論するときに, コーディネーターはそれにちょっと何か質問をするぐらいの役割だと思われるかもしれませんが, コーディネーターって難しいですよね。3通りの意見がバアッと出るわけですから, 出っ放しで終わるわけにはいかないので, コーディネーターはこれらをつなげたり, 対立させたりしなければいけないということです。論点整理が欠かせません。

今までの道徳の学習でちょっとまずかったのは, 価値観の多様性というか, いろいろな考え方があるのだから答えはなくて, 一つ一つの意見に価値があるんだみたいに受け止められていて, 意見の出し合いが深まっていかないという問題があったことです。

石川 確かに, 今までの道徳の授業を振り返ってみますと, どちらかというと実は発表し合い, つまり意見をそれぞれが述べて終わり……という授業になっていなかったかという, 私自身の反省があります。<u>道徳科の授業は, 子供たち一人一人がよりよい生き方について自分の考えを更新しながら, 他者とともに, 今その場で最善解や納得解を創り出していく場です。</u>そういう力を教師が子供たちのために身につけるようにしていくことが, これから求められる大事なことですね。

また, その最善解も, 今日はこのクラスでの最善解ですが, 明日, 話し合えば, もしかしたらもっと違う新しい考えが出てくるかもしれないといった,「学び方」と言ったらいいのでしょうか, そういうことを道徳科の授業で学んでいくことも一つ大事なことなのではと思います。それはきっと, 社会を変革し, 未来を創り上げていくためのキー・コンピテンシーを育てることにつながると思います。

◆話し合いのルールが大切

――子供たち同士の話し合いを活発にするためには, 何が大切ですか?

渡邉 一つには話し合うためのルールを理解

しておくというのがあります。例えば，兵庫教育大学大学院で学ぶ現職教員院生と，その院生が勤務する学校の子供たちとが一緒に考えたものがあります。子供たちに，話し合うときに何を大切にして話し合ったら，いい話し合いができるかという課題を投げ掛けて，いろいろ出てきたアイデアを子供たちと整理して，最終的に残ったのが次の6つのルールです。

話し合いのルール
①誰も自分の意見を言うことを邪魔されてはならない。
②自分の意見は必ず理由をつけて言う。
③他の人の意見には，はっきり賛成か反対かの態度表明をする。その際，理由をはっきり言う。
④理由が納得できたら，その意見は正しいと認める。
⑤意見を変えてもよい。ただし，その理由を言う。
⑥みんなが納得できる理由を持つ意見は，みんなそれに従わなければならない。

これは奇しくもドイツの哲学者が，コミュニケーションが成り立つための前提条件として挙げたものと結果的に一致していました。私は小学校の中学年や高学年になったら，こういうルールを設定して，教室の黒板の上に掲示するなどして，どの授業の話し合いでもこのルールに則って行っていくといいと思っているんです。

石川 それと，学級経営がやはり基盤だなと思います。子供同士，子供と教師の信頼関係が結ばれた学級経営のいいクラスは話し合いも活発です。先ほどのルールを，「ルールがあるから守らなくてはいけないから」というよりも，「みんながよさを発揮できて，率直に話し合えるから」と共通理解されているから，学級という社会の中でみんなの話し合いが気持ちよく回っていくという，そんな感じがしますが，どうでしょう。

渡邉 でも，どの学級も最初はばらばら。

石川 ばらばらです。でも，だんだんやっているうちに……。

渡邉 うまくなってくる。話し合いのルールに基づいてできるように取り組んでいくことによって，学級のまとまりのなさも変わってくるというか，いい関係になってくる。それと同時に話し合いも，より質の高いものなっていくということですかね。

石川 はい。学級という社会も進化する。話し合いも進化する。その中で一人一人も成長するということだと思います。まさに，Well-Being です。

◆道徳科の評価の基本

――道徳科の評価は何のためにあるのですか？

渡邉 学習指導要領が改訂されて，「主体的・対話的で深い学び」ということが重要視されるようになりました。それは評価の側面から言うと，「指導と評価の一体化」という原則の重視でもあると思います。学びの評価，学びの在り方を評価していく。学びは教師の指

道徳科の授業は，最善解や納得解を創り出していく場でもあります

導によって子供たちが展開していくものですが，その学びが教師の指導の在り方へ反映されていくという，いわゆるPDCAサイクルです。そういう一つの評価の在り方が，確立されようとしていると言っていいかと思います。

　その中で道徳科の評価は何のためにあるのかと言ったら，人間としての生き方についての子供たちの主体的な学びを促進することにあります。そして教師の指導の在り方を改善するため。つまり，子供たちが自分の学びをより主体的なものに発展させることができるように，教師は評価を行うことが求められています。教師の学びというものについての考え方，それから，その授業準備のときにつくり上げてきた，ねらいや課題設定や展開の流れ，その中で子供たちから出てくるであろう意見の予想，出てきたさまざまな意見の論点整理の観点など，こういう準備をしっかりとやっていれば，おのずと教師はその授業で子供たちの学びが深まっているか，授業の何が課題であったのか，うまくいかなかったのはどこなのかということが分かるということです。授業準備がちゃんとできていない場合には，評価もできないということではないでしょうか。

　一方で，気を付けなくてはならないのは，道徳教育や道徳科では道徳性を養う，あるいはその道徳性の具体的な中身である「道徳的な判断力，心情，実践意欲と態度」を育てるということですが，それを評価の対象にするのかどうか。しかし，その部分は実際，短時間では評価ができないものです。だから，それに向けた学びの在り方を評価する，つまり

学びの姿を肯定的に評価していくのが最も重要です

学ぼうとしているその姿を肯定的に励ますように評価していくことが，道徳科の評価においてはもっとも重要な点として位置づけられています。

——道徳科の評価の難しさはどんなところにあると思いますか？　例えば，日常生活における子供たちの行動の記録と道徳科の授業における評価との違いとか。

石川　学校生活の中で子供たちの日常的な様子を見ていて，子供の姿に共感的な理解をしつつ，「この子はこんなことができるようになった」とか，「前は友達関係が希薄な傾向があったのに，最近は積極的にお友達に声を掛けて友達の輪を広げようとしている」とか，子供たち一人一人のよさを積極的に捉えていくという点では，大変似通っていると思っています。しかし，それは学校教育全体を通した子供たちの行動のよさを捉えていく方法です。でも，道徳科の評価は道徳科の時間の中での学びを捉えた評価。ここが大きく違うところだと思うので，そこはすみ分けが必要だと思います。

　そしてもう一つ，難しいなと思うのは，国語，算数，理科，社会などの教科では，学習のねらいに対してどうだったかという評価になります。それに基づいて評価基準がつくら

れますので，評価基準も非常にねらいに即したものです。だからこそ，ねらいと評価が一体化してきます。ところが，道徳科は先ほど渡邉先生がおっしゃったように，「道徳性を養う」という文言で，例えば判断力を育てる，心情を育てる，意欲と態度を育てる。では，それを評価するのかというと，道徳性は評価しないという縛りがありますので，若干，先生方には混乱があるというのが現状です。

そこは，私どもが気を付けなければいけない二つ目のことかなと思っています。道徳性は評価できないわけですから，例えば「主体的・対話的で深い学び」という観点から，子供がどのような学びの姿だったのかというのを捉えて，それを認めて，励まして，よさを見ていくということが大切だと思います。

そして三つ目に難しいなと思っていることは，通知表や指導要録への書き方の問題です。道徳科の評価は「大くくりなまとまりを踏まえた評価とする」と言われていますが，通知表というのは，子供のよさや学びを子供に伝え，保護者にも伝えるという役割がありますので，分かりやすい文言で書かなければいけません。一方，指導要録の方は公簿で，しかもスペースが大変限られていますので，その中で子供のよさを表現できるような評価にしていく必要があります。

――「大くくりなまとまりを踏まえた評価」というのは，どういうものですか？

渡邉　「大くくりな評価」とは，単位時間ごとや内容項目ごとの評価ではなくて，学期や年間を通じた学びの成長の様子を見取りながら評価していくということです。ただし，子供の学びの顕著な様子の一例として，通知表の場合には教材や内容項目に触れつつ学習状況の様子を取り上げたり，指導要録の場合には，記述するスペースもあまりありませんから，多少，内容項目に触れたりして記述してよいということです。いずれも個別の内容項目の理解の度合いや道徳性を評価して記述してはいけないということが重要です。

◆大切な「道徳開き」

――授業の中で子供たちの学びの様子を見取るには，具体的にどうすればいいですか？

石川　座席表を用意して，子供の様子をチェックし，簡単なメモを書く担任がいます。それから机間指導をして，声を掛けながら，あるいは話し合いの時の記録を付けたり。板書の際，ネームプレートを活用しているので，授業後に板書を撮影して評価につなげる教員もいます。あとは，研究授業などでは，他の教員が「ここのグループの○○さんがこんないいことを言っていたんだよね」と気付いていて，子供のよさをピックアップして，担任に伝えてくださるという場面があるんですけれども，それも非常に効果的だなと，最

子供の学びの姿からよさを捉え，認め，励ましていく

近取り組んでみて思っています。教員にとりましても，子供の学びをどう見取るかを多面的・多角的に考えるよい機会ですし，子供の学びを根拠に授業改善にもつながっていきます。

　それから最終的に大事なのは，子供が書きためていくポートフォリオ形式の道徳の「心のノート」です。本校は道徳教育推進教師が中心となり，「芝小　心のノート」として全校統一で取り組んでおりますが，そういうものを書きためていくことですね。運動会があったり，なかよし集会があったり，いろいろな行事がありますので，その感想なども「芝小　心のノート」に書かせていくと，道徳的な学びを加味して書く子がいます。

——「心のノート」の書き方は，子供たちにどういう場で教えるのですか？

石川　本校では年度初めに全学年で「道徳開き」をしています。道徳の授業と学び方，道徳の時間というのはこういう時間だよということを指導するんですけれども，そのときに「心のノート」に書くことも教えます。例えば，目指す人間像，どんな人間になりたいかというのを一人一人に考えてもらったりします。1年生の場合は少し時期をずらして保護者に説明をしてから，どんな人間になってほしいのか，その理由も含めて保護者と一緒に考えさせます。それで1学期が終わる少し前に，1学期の道徳科での学びを振り返って，子供たちにコメントを書いてもらうんです。

　そうすると，そこに道徳の授業の振り返りや目指す人間像についてなど，さまざまなことが記されます。そしてそのノートは家庭に持って帰ってもらいます。そうすると，保護者がそれに対して子供の生き方に対しての応

子供たちは徹底的に話し合えることに，面白さを感じています

援メッセージを書いてくれます。それを今度は教師が預かって，他の記述や授業での学びの姿を捉えながら，全部加味しながら評価に生かすと。私は，これは非常に効果があるなと思っています。

渡邉　「道徳ノート」を上手に使っていくためにも，道徳での学びの在り方やノートの使い方を考える「道徳開き」が大切ですね。先ほどの話し合いのルールも，そこで確認していくとよいと思います。最近では，それをオリエンテーション・ページと名付けて，どこの会社の教科書にも用意されています。これは大事にしたいところです

　道徳科の授業は，週1回，年間で34時間ないし35時間しかないので，すぐ内容項目の学習や教材を使った学習をしたいとお考えの先生もいらっしゃる。でも，<u>「メタ認知」ということで，児童生徒の学びと学びの在り方ということに焦点が置かれているのが，今の学校での学習の課題です</u>。道徳に限らず，子供たち自身が学びの在り方を学んでいくことが一つ大きな課題とされています。そうすると，自分の「道徳ノート」を上手に使うことで，その学びの在り方をしっかり学んでい

第1章◆道徳の授業と評価のポイント

子供たち自身が学びの在り方を学んでいくことが一つ大きな課題です

くことになるだろうと思います。

◆**道徳の授業が好きになるには**

——教師も子供も道徳の授業が好きになるにはどうすればいいですか？

石川 子供たちの声を率直に聞いたんです。「道徳の時間は好きですか？」というアンケートを取って。そうしたら、低・中・高学年で、発達段階に特徴がありながらも、たくさん発表できるから好きだという子供たちが大勢いました。「よく考えてたくさん発表できて、友達の意見を聞けて、話し合いができて、自分の意見を聞いてくれるから」と。高学年になると、「自分の意見との違いを比べられたり、みんなで意見を言い合えたり、自分とは違う意見を出し合えたり、みんなで新しい考えを創り出していったりすることが楽しい。だから道徳の時間が好きだ」と言います。以前は、道徳が好きな理由が「お話が好き。お話が面白いから」という子もいましたが、今はお互いの意見を出し合って議論していくと学びが深まり、新たな考えに出合っていくことが楽しいんだという子供たちが、圧倒的に増えました。

楽しさの質の変化ですよね。逆に嫌いな理由というのは、これはどの教科でも共通していて、ノートに書くのが面倒くさいとか、自分の意見を言うのが恥ずかしいからというのもあります。これは道徳科に限らず、ほかの教科・領域でも共通することですけれど。

でも道徳科が好きだという子たちは、徹底的に話し合えるというか、そこへの面白さを感じているということですね。教師が思っている以上に、子供たちは学んだことを生活の中で生かそうとしているということに、私たちは驚きました。だからこそ、道徳科の時間って素敵な時間じゃないかと思うのです。

そして、そういう子供の声が返ってくると、先生方もまた一歩、道徳の授業が好きになります。これまで2年間、道徳が教科になるからと、先生方が主体的に道徳教育の研究に取り組んできて、そういうこともあるんだなというのを実感しています。この2年間の最後がこういう子供たちの声だったんです。これは先生方も好きになりますよ。道徳の授業が。

渡邉 今回、石川先生とのこの対談を通して、子供たちは道徳科の授業を実は楽しいと考えていることが分かりました。子供たちは日常当たり前のことと考えて道徳を実践しているのでしょうが、道徳科の授業で友達とじっくり学ぶことで、意外に当たり前ではなかったことに気付くようです。その際、当たり前のように受け止めていたことについて「どうしてなのだろう？」と理由や根拠を考えることが、子供たちには発見もあって面白いようです。その発見を喜ぶ姿を評価として記述できると、子供たちには何よりの励ましになると改めて思いました。

17

発達段階による特徴を押さえよう

小学校　中学年

◆個人の意識や集団活動での様子

　幼児期を離れ，知識欲が旺盛になって行動範囲が広がり，地域社会やより広い社会への関心が高まってくる時期です。また，物事をある程度対象化して認識できるようになり，その対象との間に距離を置いた分析ができるようになるため，自分自身に対しても客観的に見られるようになってきます。

　集団活動においては，低学年に比べると結束力の強い集団がつくれるようになり，集団の中でリーダー的な役割を果たす者も出てきます。リーダーが生まれて集団の結束力が強くなる反面，リーダー同士が対立し，他の集団に対しては排他的な態度を示すようになったり，集団間で衝突が起きたりするのもこの時期の特徴です。そのため，情緒的に不安定になって孤立したり，仲間はずれになったりする児童が出てきて，いじめが発生する場合もあります。

◆道徳科の授業で気を付けたいこと

　自律的な態度が育ってくるため，親や教師の言動に対して敏感になり，批判したり反抗したりすることが見られるようになります。中でも不平等な大人の処置には反発し，友達に対しても，納得できないことには，徹底的に迫っていく態度を示すこともあります。公正・公平，正義，誠実，責任などの道徳的価値に目覚めてくる時期とも言えます。

　また，相手を自分の視点から考えることができるようになります。友達と自分という2人の関係に視点を置くことが徐々にできるようになり，抽象的な思考もできるようになってくるため，教材に関わる事象の原因や登場人物の心情，動機についても目が向けられるようにしたいものです。

　道徳の授業では，好奇心が旺盛な時期なので，体験的な活動を取り入れると，積極的な取り組みが生まれます。

　また，集団的な活動が活発になるため，グループトークの場を設けると考えを深めることができます。その際，下記の「道徳性の発達段階」の 第3段階 が達成できるよう，教師が援助していく必要があります。

道徳性の発達段階（コールバーグの理論より）

①慣習以前のレベル　第1段階　罰と服従思考（上下関係の中での相手）
　　　　　　　　　　→正しさを身近な大人に従って考える段階
　　　　　　　　　　第2段階　道具主義的・相対主義的傾向（対等な関係の中での相手）
　　　　　　　　　　→自分の気持ちや利害を基準にして正しさを考える段階

②慣習的レベル　　　第3段階　対人関係の調和思考（よい子思考，集団）
　　　　　　　　　　→規則で成り立つ集団（家族や学級）の一員であることを基準にして正しさを考える段階
　　　　　　　　　　第4段階　「法と秩序」志向（規則や法）
　　　　　　　　　　→集団や規則を尊重するが従属せず，自律的に考えることができる段階

――――――――小・中学校での学びで達成させたいレベル――――――――

③慣習以後のレベル　第5段階　社会契約的・遵法主義志向
　　　　　　　　　　第6段階　普遍的な倫理的原理志向
　　　　　　　　　　→正しさを原理的なレベルで考える高度な段階

※「慣習（convention）」とは互いがつくりだす集団や社会のこと。

第 2 章

授業の実践事例と評価文例集

対象学年
小学4年生

内容項目：A－1 善悪の判断，自律，自由と責任

主題名

1 正しいと思ったことは自信をもって

教材 ドッジボール

授業のねらい

　自らがよいと感じたり，正しいと判断したりしたことについて，他者の意見に左右されることなく，自信をもって行動することは，人として重要なことである。また，自らの判断に従い自由に行動する際には，自らの行動に責任をもつという自律性も必要になる。

　小学4年生の時期には，正しいことや正しくないことについての判断力は高まってくるものの，正しいと知りつつそのことをなかなか実行できなかったり，周囲に流されて自信をもって行動できないこともある。そのため指導にあたっては，正しいことを行えない時の後ろめたさや，自ら信じることに従って行動する時の充実感などを意識させることで，正しいと判断したことは自信をもって行うとともに，正しくないと判断したことは，たとえ他の人たちが行おうとしている場合でも，勇気をもって止めようとする態度まで身に付けさせることが重要となる。

　本教材は，力が強く，勉強や運動も得意な児童の意見に他の児童までもが同調し，事実が曲げられてしまうという場面を取り上げるものである。その際，勇気をもって発言した一人の児童の発言をきっかけに，他の児童も自らの行動や判断を見つめ直すことになる。正しいことを行うためには勇気がいるものの，そうした行動は自らのためにも，他の人たちのためにもなるものであることを，本教材を通して考えさせたい。

授業づくりのポイント

・登場人物のイラスト

　本教材では，一郎に同調してしまう信二や幸太の思いを想像させた後に，登の発言に目を向けさせることで，人間の弱さとその弱さを乗り越えた際の充実感などを感じさせたい。

本教材の評価のポイント

①児童の学習に関わる自己評価

　・信二や幸太の思いと，登の言葉を聞いた後のみんなに，それぞれ共感することができたか。

②教師のための授業の振り返りの評価

　・正しいことを貫くために，人間の弱さとその弱さを克服した際の充実感とに，児童の目を向けさせることができたか。

実践例

		学習活動	発問と予想される児童の反応	指導上の留意点
挙手・発言 自分の体験を発言したり，友達の発言に興味をもって聞いている	導入	①問題を把握する ・体験を振り返り，勇気という言葉に関連する場面を思い出し，発表する	これまでに「勇気」が必要だった場面はどんな時ですか？ ・友達にごめんと謝る時 ・嫌なことをされて，やめてと言う時 勇気が必要な時は，どんなことを考えれば勇気が出るのでしょうか？　今日はこれを考えることにしましょう。	・今までの体験を思い出させ，勇気が必要な場面とはどんなものかを考え（問題），勇気が必要な時は，どんなことを考えれば勇気が出るのかという課題を把握する
ペアトーク・発表 正しいことや正しくないことについて，友達の意見をよく聞いて，発表している	展開	②教材を読んで話し合う ・登場人物のイラストで内容を整理させる ・自分の意見がまとまったら，隣の人とペアトーク。そして，発表させる	相手チームのはずの赤組の信二や幸太は，どのような思いで一郎に味方したのでしょうか？ ・一郎は力が強いから，怖い ・一郎に逆らうと，みんなにも嫌われるかも ・みんなが言っているのだから，本当に当たっていないのかもしれない ・一郎は友達だから，守ってあげよう	・全文を通読する ・問題ある行動をとった信二や幸太の思いを想像することで，人間の弱さについて共感させる
ペアトーク・発表 登の発言を手掛かりに，登場人物の問題点を考えている		③登場人物の行動の問題点を考える ・自分の意見がまとまったら，隣の人とペアトーク。そして，発表させる	登はどんなことをみんなに「もう一度，考え直してもらいたい」と思っていたのでしょうか？ ・一郎の言うことだからと，確かめもせずに信じてしまっていたこと ・仕返しをされるのが怖くて，一郎に従ってしまっていたこと ・友達を守ろうとして，確かめもせずに応援してしまったこと ・一郎に「それは違う」と勇気を出して言えなかったこと	・登の発言を通して，登場人物の行動の問題点に目を向けさせる
グループトーク・発表 勇気ある行動の大切さを多面的・多角的に考えている		④登場人物の反省内容を想像する ・4人でグループトークを行い，出た意見のキーワードをカードに書く ・4人の意見はまとめず，意見を交換し，黒板に掲示させて，全体で共有する	登の声は大きくなかったのに，ひとこと，ひとことが，みんなの心に響いたのはなぜでしょうか？ ・確かに，自分は何でも賛成してしまっていたと反省したから ・登は勇気があってすごいと感じたから ・きちんと事実を確かめなければいけないと反省したから ・やはり間違っていることは間違っていると，ちゃんと伝えることが大切だと感じたから ・勇気を出して言うことが，みんなのためにもなると感じたから	・登場人物たちがそれぞれどのようなことを反省したのかを想像することを通して，周囲に流されることの問題点や，正しいと判断したことを実行することのよさについて考えさせる
道徳ノート 学習内容を踏まえ，今後の自己の生き方をどのようにしていきたいかを考えている	終末	⑤問題について，自分なりの答えをもつ	今日の授業を通して考えたことを「道徳ノート」に書いてみましょう。	・普段の生活の中で大切だと思うこと，自分にできることを考えさせる

A-1 善悪の判断，自律，自由と責任

正しいと判断したことは，自信をもって行うこと。

評価のためのキーワード
①正しいことと正しくないこととの区別・判断
②正しいと判断したことは自信をもって実践しようとする
③自らの判断の結果には責任をもとうとする
④正しくない行為を行う他者に対しては，勇気をもって反対する

正しいと判断したことは自信をもって行い，正しくないと判断したことは，たとえ他の人たちが行おうとしていても，勇気をもって止めようとする態度が大事ですね。

道徳ノートの評価文例

 まちがっている人に指てきすることが，自分だけでなく他の人のためにもなるというのは，とても大事な点です。

周りの目を気にして自分の意見を強く言えなくても，言おうという思いだけですばらしいです。

- 善悪の正しい判断を学び実践するようになりました。

  なぜ？NG：教師にとっての「正しい」善悪判断を一方的に学ばせることは望ましくないため。

- 間違った意見に耳を貸したりせず，正しく判断し，行動できるようになってください。

  なぜ？NG：人間の弱さについての理解も重要な「価値理解」の一つであるため。

通知表の評価文例

問題を自分のこととして考えようとする姿勢が目立ちました。その中で，自分の弱さと向き合い，弱さを克服して，正しいことを行おうとする姿勢や，他の人にも働きかけて，よりよい方向へ導こうとする姿勢が見られるようになったことが素晴らしかったです。

自らが正しいと判断したことであっても，そうした行動を実際に行うのは難しいことをしっかりと見つめ，他の人の意見も参考にしながら，どうすればそのような難しさを克服できるかを真剣に考えようとする姿が，学期中，何度も見られました。

他の人とは異なる視点から問題を捉え，クラスの議論を深める刺激を与えてくれました。教材「ドッジボール」では，「もしかしたらルールを分かっていない人もいたかも」という意見を出し，きちんとルールを確認すべきだったとの提案をしていました。

指導要録の評価文例

「善悪の判断，自律，自由と責任」の授業では，問題を自らの経験と関連付けて主体的に捉えていた。

友達の意見を大切にし，自分の考えを伝えたりしながら，よりよい方向へ導こうとする姿勢が見られた。

23

対象学年
小学4年生

内容項目：A－2　正直，誠実

主題名
2　正直であることの気持ちよさ

教材　ひびが入った水そう

　授業のねらい

　児童が健康的で積極的に自分らしさを発揮するためには，自らに対して偽りなく振る舞うことが重要であり，何事に対しても真心を込めて向き合うと同時に，必要な場合には自らの過ちを素直に認め，改めていく姿勢も大切である。

　児童には，他者に対してうそをついたり，ごまかしたりしないことの大切さだけでなく，それらが自分自身を偽ることにもつながるものであり，他者に対しても自らに対しても偽りなく正直・誠実に振る舞うことが，自らにとっての快適さをもたらすものであることに気付かせることが重要であろう。

　本教材は，自らの過失によりカメの水槽にひびを入れてしまった主人公が，誰にもそのことを言い出せないままに一夜を過ごし，ついに思い切って先生に伝えることで，暗かった心が一気に明るくなるという物語である。過ちは誰にでもあり，過ちが起きた場合にも，正直・誠実に振る舞うことが，周囲の人や本人に対してよい結果につながるであろうことに目を向けさせたい。

　授業づくりのポイント　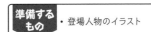

準備するもの・登場人物のイラスト

　本教材では，当初は「だいじょうぶだろう」とひびを放っておいたものの，ばれてしまう（責任を問われる）のではないかという不安やカメ（カシオペア）の命が危なくなるのではないかという不安を抱えながら過ごした一夜の心地の悪さと，先生に本当のことを伝えた後の心地のよさとを対比させることで，正直であることの気持ちよさを改めて感じさせたい。

　本教材の評価のポイント

①児童の学習に関わる自己評価
　・ひびのことを言い出せないままのけい太の暗い気持ち（悩みや苦しみ）に共感できたか。
　・翌日，先生に正直に伝えたことで「すっと明るくなった」際の気持ちよさに共感できたか。
②教師のための授業の振り返りの評価
　・正直であることの気持ちよさに，児童の目を向けさせることができたか。

実践例

		学習活動	発問と予想される児童の反応	指導上の留意点
挙手・発言 自分の体験を発言したり，友達の発言に興味をもって聞いている	導入	①問題を把握する ・体験を振り返り，失敗をしてしまった具体的な場面とその際に感じた気持ちを思い出し，発表する	これまでに何か失敗をしてしまった時，あなたはどのように感じましたか？ ・約束を忘れてしまって，相手を待たせてしまったから，悪いことをした ・きちんと謝った方がいいけど，なかなか言い出せなかった 失敗をしてしまった時は，どのように行動すればよいのでしょうか？今日はこれを考えることにしましょう。	・今までの体験から，失敗してしまった時にはどのような気持ちになるかを考え（問題），失敗をしてしまった時には，どのように行動すればいいのかという課題を把握する
ペアトーク・発表 人間の弱さ（人間理解）について，友達の意見をよく聞いて，発表している	展開	②教材を読んで話し合う ・登場人物のイラストで内容を整理させる ・自分の意見がまとまったら，隣の人とペアトーク。そして，発表させる	ぼくが，小さい声で返事をすることしかできなかったのは，なぜでしょうか？ ・ひびが入ったことがばれると，怒られるんじゃないかと怖かった ・早く言わないと，カシオペアが干からびて死んでしまうかもしれない ・かずきが褒めてくれたけど，かずきのことも裏切ってしまっているから	・全文を通読する ・失敗をしてしまった後，不安な気持ちに襲われている主人公の心情を想像することで，人間の弱さについて共感させる
ペアトーク・発表 家に帰ってからの様子を手掛かりに，主人公の行動が招いた不安や苦しみなどについて共感的に理解している		③主人公の不安や苦しみを考える ・自分の意見がまとまったら，隣の人とペアトーク。そして，発表させる	お母さんが「どうしたの」と言っても何も言えなかった時，どんなことを考えていたのでしょうか？ ・本当のことを言ったら，怒られるかもしれない ・ばれたら弁償させられるかも ・今こうしている間も水が漏れて，カシオペアが苦しんでいるかもしれない ・本当のことを言った方が楽だけど，言えなくて苦しい	・家に帰ってからも水槽のことが頭からはなれない主人公の心情を想像し，正直に言わなかったことで不安や苦しい思いが，その後も続いていることを共感的に理解させる
グループトーク・発表 正直に言ったことで主人公の気持ちが一気に明るくなったことに目を向けさせ，正直に言うことのよさを多面的・多角的に考えている		④主人公の行動の結果のよさに気付く ・4人でグループトークを行い，出た意見のキーワードをカードに書く ・4人の意見はまとめず，意見を交換し，黒板に掲示させて，全体で共有する	あんなに暗かったぼくの気持ちがすっと明るくなったのは，なぜでしょうか？ ・カシオペアの水が漏れる心配がなくなったから ・弁償しなくてもよさそうだったから ・先生に「きちんと話してくれてうれしい」と褒められたから ・ずっと不安で苦しい思いをしてきたけど，正直に言うことができて安心したから	・主人公が正直に言えたことで，カシオペアの安全が確保されただけでなく，主人公も不安や苦しみから解放されたことに気付かせる
道徳ノート 学習内容を踏まえ，今後の自己の生き方をどのようにしていきたいかを考えている	終末	⑤問題について，自分なりの答えをもつ	今日の授業を通して考えたことを「道徳ノート」に書いてみましょう。	・普段の生活の中で大切だと思うこと，自分にできることを考えさせる

A-2 正直，誠実

過ちは素直に改め，正直に明るい心で生活すること。

評価のためのキーワード
①他者に対してうそやごまかしを言ったりすることの問題点
②うそやごまかしは，自分自身を偽ることにもつながる
③過ちを犯してしまった際も，正直・誠実に振る舞うことで気持ちよく過ごせる
④過ちを認め，素直に反省することは，本人にとっても他者にとっても大切

過ちは誰にでもあることですが，何か過ちが起きた場合にも正直・誠実に振る舞うならば，周囲の人にとっても本人にとってもよい結果につながりますね。

道徳ノートの評価文例

👍 自分のけい験を思い出し，その時の行動を考え直したのはとてもよいことです。

📣 正直に言えないとなやむ気持ちは分かります。どうすべきだったのかに気付いているだけでもすばらしいです。

- 正直・誠実な行動の大切さを学び，素直に謝れるようになりました。

  なぜ？NG：目に見える道徳的な行動を評価するものではないから。

- うそやごまかしをすることなく，いつでも正直に暮らせるようになりました。

  なぜ？NG：行動の道徳性を評価するものではないから。

通知表の評価文例

最初は自分の意見を発表することが難しかったようですが，最近は授業で積極的に発言するようになりました。教材「ひびが入った水そう」を用いた学習でも，主人公に共感しながら，主人公の悩みをクラス全体に向けて説明してくれました。

学期を通して，主人公の置かれた状況をしっかりと想像し，自らを主人公に重ねて発言することができるようになりました。教材「ひびが入った水そう」の学習では，正直に言うことの難しさを理解した上で，正直に言えた時の気持ちよさを説明してくれました。

他の人の意見をしっかりと聞き，自らの考えを深めようとする姿勢が目立ちました。教材「ひびが入った水そう」を用いた学習では，他の人の意見を聞きながら，なぜ主人公はすぐに正直に言えなかったのかについて，考えを深めていました。

指導要録の評価文例

「正直，誠実」の授業では，人間の弱さに共感し，それでも正直・誠実に振る舞うことのよさを感じていた。

自らの経験を振り返り，主人公の置かれた状況に自らを重ね合わせながら考える姿勢がよく見られた。

対象学年
小学4年生

内容項目：A−3　節度，節制

主題名
3 自分にできることは何か

教材　いっしょになって，わらっちゃだめだ

授業のねらい

　他の人の指示に従ってではなく，自らの判断に基づいて自らの生活を見つめ直し，自らの置かれた状況を思慮深く振り返り，節制し，程よい生活を送る力を身につけることは，人として重要なことである。また，そうした思慮深い振り返りと節制の力は，自分の快適な暮らしだけでなく，他者の暮らしにとっても大きな意味をもつ。

　小学4年生の時期には，自分でできることは自分で行うとともに，他の人から言われてではなく，自分自身で考え，自らを振り返り，節度ある暮らしを送ることのよさを考えられるように指導していくことが重要となる。

　本教材は，当初は他の児童とともに友人をからかっていた主人公が，父親の言葉をきっかけとして，友人へのからかいの問題点に気付き，自らにできることを探すという場面を取り上げるものである。その際，主人公は友人へのからかい行為を直接注意することはなかったが，黙って教室を出ていくというその行為によって，教室でのからかい行為は終わりを迎えることとなった。こうした行為をとった主人公の思いや葛藤に子供たちの目を向けさせることで，自らの置かれた状況や自らの行動への振り返りの重要性に気付かせたい。

授業づくりのポイント

準備するもの　• 登場人物のイラスト

　本教材では，主人公が自らのとるべき行動についてさまざまな思いを巡らせながら，最終的に教室を出ていくという行為を選択する過程の考えに目を向けさせることで，単なるきれいごとに終わらない，思慮深い振り返りと節制の意味について考えさせたい。

本教材の評価のポイント

①児童の学習に関わる自己評価

　・主人公の葛藤と外に出るという行動を選択した際の思いについて，それぞれ共感できたか。

②教師のための授業の振り返りの評価

　・主人公の葛藤内容と最終的に行為を選択した際の考えに，目を向けさせることができたか。

実践例

	学習活動	発問と予想される児童の反応	指導上の留意点
導入	①問題を把握する ・体験を振り返り，失敗をしてしまった具体的な場面とその際に感じた気持ちを思い出し，発表する	これまでに友達に誘われ，本当は嫌だなと思いながらも，相手に合わせてしまったことはありますか？ ・門限があったけど，友達に誘われて遊び続けてしまった ・休み時間に教室で本を読みたかったけど，グラウンドで遊ぼうと言われて断れなかった 本当に自分がしたいことではないことを友達に誘われた時，どのように行動すればよいのでしょうか？今日はこれを考えることにしましょう。	・今までの体験から，不本意ながらも友達に合わせて行動してしまったことを思い出させ，本当に自分がしたいことではないことを友達に誘われた時，どのように行動すればいいのかという課題を把握する
展開	②教材を読んで話し合う ・登場人物のイラストで内容を整理させる ・自分の意見がまとまったら，隣の人とペアトーク。そして，発表させる	お父さんの言った言葉が気になって仕方がなかったのは，なぜでしょうか？ ・もしかしたら，いじめだったのかもしれないと自分でも思っているから ・自分もみんなと一緒に笑ってしまったから ・いじめじゃないかもしれないけど，自分だったら，そんな風に笑われるのは嫌だと思ったから	・全文を通読する ・主人公が自らの行為を自己弁護する言葉を手掛かりに，主人公の心情を想像させることで，人間の弱さについて共感させる
	③主人公の葛藤を理解する ・自分の意見がまとまったら，隣の人とペアトーク。そして，発表させる	いろいろな考えが浮かんできたものの，できそうもないことばかりという主人公は，どんな気持ちだったでしょうか？ ・これはいじめかもしれない ・ゆうじは嫌がっているような気がする ・止めたほうがいいと思うけど，何と言えばいいか分からない ・みんなは笑っているから，止めると嫌がられるかもしれない ・止めたら，自分がみんなから嫌われるかもしれない	・主人公は，止めた方がいいとは分かっていながらも，そうすることに不安を感じているのではないかという点に目を向けさせる ・止めるための方法について悩んでいる主人公の葛藤を共感的に理解させる
	④主人公の判断の理由について考える ・4人でグループトークを行い，出た意見のキーワードをカードに書く ・4人の意見はまとめず，意見を交換し，黒板に掲示させて，全体で共有する	黙って教室を出ていった主人公は，どんなことを考えていたのでしょうか？ ・いじめだとしたら，止めないといけない ・でも，いじめだと思っていない人もいるだろうから，「やめたほうがいい」と言うと，嫌がられるかもしれない ・みんなと一緒に「モンキー」と言うと，いじめに自分も加わることになる ・自分が外に出たら，みんなは「どうしたのかな」と思って，いじめをやめるかもしれない ・黙って外に出るくらいなら，自分にもできそうだ	・具体的には書かれていない主人公の思いを想像することで，自らの経験と照らし合わせて，主人公の判断の理由を多面的・多角的に考えさせる
終末	⑤問題について，自分なりの考えをもつ	今日の授業を通して考えたことを「道徳ノート」に書いてみましょう。	・普段の生活の中で大切だと思うこと，自分にできることを考えさせる

左側の評価欄

挙手・発言
自分の体験を発言したり，友達の発言に興味をもって聞いている

ペアトーク・発表
人間の弱さ（人間理解）について，友達の意見をよく聞いて，発表している

ペアトーク・発表
主人公の思いと悩みについて共感的に理解している

グループトーク・発表
葛藤を感じた後の主人公の行動を手掛かりに，その判断の理由を多面的・多角的に考えている

道徳ノート
学習内容を踏まえ，今後の自己の生き方をどのようにしていきたいかを考えている

29

A-3 節度，節制

自分でできることは自分でやり，安全に気を付け，よく考えて行動し，節度のある生活をすること。

評価のためのキーワード
①自分で考え，自分の判断で行動する
②自らの置かれた状況を思慮深く考える
③自分にできることを考える
④自分と他の人のことをどちらも大切にする

主人公は友人へのからかい行為を直接注意せず，黙って教室を出ていくという行動をとりました。主人公の思いをじっくり考えさせたいですね。

道徳ノートの評価文例

👍 主人公の思いを深く想ぞうし，「自分にできるかぎりのことをしたのだから勇気がある」という意見はすばらしいですね。

📢 「相手に直せつ注意すべき」という考えはたしかにそうですね。主人公はなぜそうしなかったのでしょうか。

●節度や節制をもって，正しい行動ができるようになりました。

なぜ❓NG：どのような行動が「正しい」かは，教師の経験や主観によって左右されるため。

●節度ある行動が見られるようになってきました。

なぜ❓NG：道徳教育で養うのは内面的資質であり，行動を直接評価することはできないため。

通知表の評価文例

問題を自分のこととして考えようとする姿勢が目立ちました。その中で，主人公の置かれた状況や主人公の思いに共感しながら，「自分だったら」と，自分に可能な行動をしっかり考えようとする姿勢が幾度も見られ，素晴らしかったです。

教材「いっしょになって，わらっちゃだめだ」を用いた授業では，「先生に早く言った方がよかった」との意見を出し，よりよい方法を考えようとしている姿が見られました。自分自身で考え，自ら可能な方法を探ろうとする姿はとてもよかったです。

学期を通して，状況をしっかりと想像し，主人公の悩みや弱さに寄り添いながら発言することができるようになりました。教材「いっしょになって，わらっちゃだめだ」では，もしかすると主人公はこんな思いだったかもと想像を膨らませていました。

指導要録の評価文例

「節度，節制」の授業では，主人公に共感し，「自分だったら」と自分に可能な行動を真剣に考えていた。

状況をしっかりと想像し，主人公の悩みや弱さに寄り添いながら，自らが行うべきことを考えることができていた。

対象学年
小学3年生

内容項目：A-4 個性の伸長

主題名
4 自分らしさ

教材 じゃがいもの歌

授業のねらい

　自分の長所は自分自身では分からないことが少なくない。家族との会話やクラスの友達などとの関わりを通して、指摘されたり気付いたりして、実感していくものである。指導に当たっては、友達など他者との会話、触れ合いなどさまざまな交流を通して互いを認め合い、自己を高め合える場を設定するなどして自己肯定感を育むとともに、さらに長所を伸ばしていこうとする意欲を醸成することが大切である。

　主人公のさとしは、物置でカレーライスの具材となるじゃがいも一つ一つの形や大きさの違いに気付く。その違いからクラスの友達の顔を思い浮かべ、その個性を重ね合わせていく。誰もが長所や短所を持っており、さとしのじゃがいも選びを通して、友達の個性から自分にないもの、足りないもの等に目を向け、自分らしさとは何かについて考えることができる教材である。本教材では、人にはさまざまな個性があることに気付く主人公さとしの姿を通して、自分と友達、それぞれの長所に目を向け、自分らしさを見つめ考えながら、よさをさらに伸ばしていこうとする意欲と態度を育みたい。

授業づくりのポイント

　友達一人一人の個性をイメージしながら、自分にないもの、足りないものは何かを見つめ、「道徳ノート」にまとめて発表させる時間を確保したい。また、児童が問題意識をもち、ねらいとする道徳的価値を追求し、多様な感じ方や考え方に触れるためにも、ペア学習を取り入れたい。表現活動に慣れさせ、役割演技が自然とできるような学級の雰囲気づくりが大切である。

本教材の評価のポイント

①児童の学習に関わる自己評価
・一人一人に個性があることに気付き、「自分らしさ」について考えることができたか。
・自分を振り返り、自分らしさや自分のよさを考え、さらに伸ばそうとしていたか。

②教師のための授業の振り返りの評価
・自己を見つめ、自分らしさに気付き、よさを伸ばそうとする発問を工夫できたか。
・自分の思いを素直に発言したり、他の児童の意見に共感したりする授業展開ができたか。

実践例

		学習活動	発問と予想される児童の反応	指導上の留意点
挙手・発言 自分の特徴について発言し、友達の発言にも興味をもって聞いている	導入	①問題を把握する ・自分の特徴について発表する	自分のよいところ、気になるところはどこだと思いますか？ ・妹に優しくできることや近所の人に挨拶をすること ・忘れ物が多く、整頓が苦手 今日は、一人一人のよさとそうでないところを知り、自分らしさについて考えていきましょう。	・一人一人のよさと気になるところを知り（問題）、自分らしさとは何かという課題を把握させる
挙手・発言 とおるの特徴に気付き、発言している。友達の発言にうなずいている	展開	②教材を読んで話し合う ・さとしがとおるのよさに改めて気付いたことを考える	さとしがじゃがいもを見ながら気付いたことは何ですか？ ・じゃがいものように、友達もそれぞれ違っていること ・いいところもあるし、そうでないところもあることが、その人らしさだということ	・とおるの短所や長所からとおるのもつ、とおるらしさに気付かせたい
挙手・発表 主人公の気持ちに寄り添い考え、自分を見つめ発表している。友達の発表をメモしながら聞いている		・さとしの立場になって、友達のよさやそうでないところの全体が、その友達らしさだと気付く。「道徳ノート」にまとめ、発表する	その人らしさという意見がありましたね。では、とおるらしさとはどんなところだと思いますか？ ・ちょっとしたことでけんかする ・野球に夢中 ・妹思いの優しいところ ・その両方がとおるらしさだと思う	・友達一人一人には個性があり、その姿から自分に足りないもの等を見つめさせたい。考え、まとめる時間を確保する
ペア学習 友達の話をお互いに共感的に受け止め、役割演技をしている		③ペアでお互いのよさを伝え合う役割演技をする ・P1は相手（P2）のよさを分かりやすく伝える ・P2はよさを伝えられ、その応答として感想や意見を述べる	隣の人とお互いにその人らしさを伝え合いましょう。 P1：P2さんはいつも優しいところがあり、とてもいいですね P2：そう言われると、うれしいな P1さんは整理整頓が上手な人ですね。見習いたいな P1：照れるな。頑張るよ P2：私も頑張りたいと思います	・役割演技から、自分のよさをさらに伸ばそうとする意欲を育む ・ねらいの根底にある道徳的価値についての共感的な理解を深めさせたい
挙手・発表 多面的・多角的に自分らしさについて考え、発表している		④授業を振り返って、自分のよさや自分らしさについて考え、発表する	自分らしさとはどんなことでしょう。そしてその自分らしさをこれからどうしたいですか？ ・慌てんぼうだけど友達はたくさんいる。自分らしさは、自分の長所や短所を合わせたものだから、長所である友達をもっと増やしたい ・好きな「自分」ときらいな「自分」、どちらも「自分」だけど、好きな「自分」の優しいところを伸ばしたい	・自分自身を見つめ直す契機としたい。さらに、自分のよさを伸ばすために、どうすればよいかを問い返す
道徳ノート 自分を見つめ直し、よい面を見いだし、さらに伸ばそうとする記述がある	終末	⑤本時で学んだことを「道徳ノート」にまとめる	今日の授業で感じたことや考えたことをまとめてみましょう。 （何人かに発表させてもよい）	・「道徳通信」で授業内容を取り上げることを告げる

A-4 個性の伸長

自分の特徴に気付き，長所を伸ばすこと。

評価のためのキーワード
① 自己を見つめる
② 長所や短所に気付く
③ 視野を広げ，他の人々の多様な個性や生き方を知る
④ 長所を伸ばす

人との関わりから自分の特徴に気付くことは，自己実現の基盤となるところ。長所・短所を多面的に捉えさせ，長所をさらに伸ばそうとする意欲を育みましょう。

道徳ノートの評価文例

👍 さとしのじゃがいもえらびのすがたから，クラスの友だちそれぞれによさがあることに気づき，自分らしさについて考えていました。

📢 話し合いで友だちのよさを分かりやすく伝えていましたね。これからも友だちのよさや自分らしさを，いろいろな場面で見つけていきましょう。

通知表 NG 文例

● 「自分らしさ」を考える授業では，友達との話し合いから自分の誤りを素直に認めていました。

なぜ❓NG：児童のよい点や進歩の状況を評価していないから。

● 主人公の役割演技から自分の特徴に気付き，よさを伸ばそうとする判断力が身につきました。

なぜ❓NG：内面的資質である判断力が，1回の授業で身についたとは容易に言い切れないから。

通知表の評価文例

毎時間の学習では，ペアやグループでの話し合いを通して，自分の思いや考えを積極的に発言する姿が見られました。特に「自分らしさ」を考える授業では，自分のよさに気付き，それをさらに伸ばそうとする発言があり，感心させられました。

教材の登場人物の思いや行動を自分のこととして捉え，日々の生活体験と重ねて，自分の思いや考えを深く振り返ることができました。特に「自分らしさ」を考える授業では，主人公の楽しく歌う姿を通して，友達のよさや自分らしさに気付くことができました。

学習のテーマをしっかり押さえ，主人公の気持ちを自分と重ね合わせながら深く考えようとする姿がありました。特に「自分らしさ」の授業では，自分自身を振り返り，自分のよさを今後の学校生活に生かそうと積極的に発言し，クラスの雰囲気を高めてくれました。

指導要録の評価文例

道徳的価値の意義や大切さについて理解を深め，真摯に自分を見つめる姿が見られた。「自分らしさ」の授業では，「道徳ノート」に友達や自分のよさに気付く記述が見られた。

物事を多面的・多角的に考え，発言することができている。「自分らしさ」の授業では，グループ学習で友達のよさや特徴を分かりやすく伝えていた。

対象学年	内容項目：A−5 希望と勇気，努力と強い意志
小学3年生	主題名

5 くじけずに

教材 ─ 一りん車にのれた

 ## 授業のねらい

　自分の目標をもって，勤勉に，くじけず努力し，自分を向上させることに関する内容項目である。

　自分の目標をもってその達成に向けて粘り強く努力するとともに，やるべきことはしっかりやり抜く忍耐力を養うことが求められる。小学3年生の段階においては，いろいろなことに興味をもって活動的になり，自ら目標を立てて，計画的に努力するようになる反面，つらいことや苦しいことがあると途中でやめてしまう様子が見られる。自分の立てた目標に向かって，強い意志をもって粘り強くやりとげようとする意欲と態度を育てたい。

　本教材は，一輪車に乗ろうと練習していた「わたし」がどうしてもうまく乗れず，途中でいったんは諦めてしまう。しかし，上級生の上手な一輪車を見て，「わたし」もそのようになりたいと再び挑戦し，友達の力も借りてうまく乗れるようになる話である。諦めてしまう気持ちと頑張ろうという気持ちを考えさせながら，くじけず成功した喜びを感じさせたい。

 ## 授業づくりのポイント

 準備するもの ・登場人物のイラスト

　はじめに，うまくできないときの「わたし」に自我関与させ，多様な感じ方，考え方を出させる。そこで話し合った後，再び一輪車の練習を始めたきっかけについて話し合い，成功した喜びとくじけず頑張ってよかったという心情を感じ取らせる。

 ## 本教材の評価のポイント

①児童の学習に関わる自己評価

　・くじけそうな「わたし」の気持ちを自分との関わりで考えていたか。

　・達成感が，次への目標となることを感じ取っていたか。

②教師のための授業の振り返りの評価

　・くじける場面での「わたし」に共感させ，自分のこととして考えさせられたか。

　・達成感が次への目標等につながるということを考えさせ，話し合わせられたか。

実践例

挙手・発言
自分の体験を発言したり，友達の発言に興味をもって聞いている

		学習活動	発問と予想される児童の反応	指導上の留意点
導入		①頑張っていることを思い出す ・今，自分で頑張っていることを発表する	今，あなたは，どんなことを頑張っていますか？ ・漢字を覚えること ・サッカー ・ピアノ	・今までの体験を思い出させ，ねらいに関する価値についての問題意識をもたせる
展開		②教材を読んで話し合う ・登場人物のイラストで内容を整理させる	どうしてもうまく乗れず，大縄を始めた「わたし」はどんな気持ちだったでしょうか？ ・もう諦めよう ・どうしてできないんだろう ・くやしいな 上級生の上手な乗り方を見て，どう思ったでしょうか？ ・かっこいいな。もう1回やってみようかな ・もう1回頑張って見ようかな ・どうやればうまくいくのかな	・教科書は見せず，挿絵を黒板に貼りながら読み聞かせをする ・「わたし」に自我関与させて，多様な感じ方，考え方を出させる ・自分の似た体験を思い出させ，多様な考えが出るようにする
		・自分の考えを発表し，友達の発表を聞いて自分の考えと比べる	上手にできたとき，「わたし」はどんな気持ちだったでしょうか？ ・やったあ，私にだってできる ・諦めないでよかった ・いろいろ教えてくれた友達に感謝したい ・もっと難しいのもやるぞ	・上手にできたこと，くじけず頑張ったことを中心にして，多角的に考えさせる
		③自己を振り返り，くじけず頑張ることについて考えを深める	頑張って，うまくいった経験はありますか？　その時はどんな気持ちになりましたか？ ・サッカーのシュートで失敗ばかりしていたが，頑張って練習して，試合でシュートができた。頑張ってよかったなと思った ・逆上がりを何回も練習してできるようになった。教えてくれた友達にも感謝したい	・自分のことを振り返らせ，くじけず頑張った時の自分を振り返るようにする
終末		④教師自身が頑張った話を聞く	先生になるための試験は難しかったけれど，くじけず頑張って合格した。今，みんなの前に立っていることがとてもうれしい。頑張ってよかったなと思う。	・教師の経験を語る

発言
自分の意見をしっかり発表し，友達の意見を聞きながら多角的に考えていたか

発言
自分を振り返り，頑張った時の気持ちよさを感じている

うなずき・目の輝き
教師の話を聞き，学びを振り返り，学んだことを生かそうとしている

37

A-5 希望と勇気，努力と強い意志

自分でやろうと決めた目標に向かって，強い意志をもち，粘り強くやり抜くこと。

評価のためのキーワード
① 目標をもって取り組む
② 努力することの大切さ
③ 困難に立ち向かう
④ 強い意志をもつ

目標に向かって頑張る時，途中でくじけそうになる時もありますね。それを支えてくれるのは周りの人々と頑張り続ける自分です。目標へチャレンジすることの大切さを考えさせたいですね。

道徳ノートの評価文例

👍 うまくいかないときの主人公の気持ちを自分とのかかわりでよく考えています。

📣 しっかりと自分のことをふり返っているので，次に何をやりたいかがはっきりしていますね。次の目ひょうに向かってがんばりましょう。

- 友達の意見を聞いて，「くじけずがんばること」について，多面的に考えることができました。

  なぜ？NG：できた，できないという表現は適切ではないから。

- 教材「一りん車にのれた」の授業後，いろいろなことをとても頑張れるようになりました。

  なぜ？NG：日常の行動の様子の評価はふさわしくないから。

通知表の評価文例

いつも道徳科の時間では，人の意見をよく聞いて，多様な考えを出してくれます。教材「一りん車にのれた」の授業では，主人公のくじけそうな気持ちをよく考えていました。

教材「一りん車にのれた」の授業では，このような場合，自分はどうだろうかと，常に自分のこととして考えていました。

道徳の授業の回数が進むにつれ，自分の生活をこれからどうしようかという態度が見られ，成長の様子が感じられます。

指導要録の評価文例

いつも一面的な見方ではなく，多面的・多角的にみている。特に「希望と勇気，努力と強い意志」の授業では，くじけず頑張ることについて深く考えていた。

学期の初めは，まだ「自分を見つめる」ことが課題だったが，学期の終わりでは，しっかりと自分を見つめていた。

対象学年	内容項目：B－6 **親切，思いやり**
小学3年生	主題名

6 思いやりの心

教材 **六べえじいとちよ**

授業のねらい

　この時期の児童は，学校生活を中心に友達やさまざまな人々との関わりが活発化し，相手の気持ちについて考え，より深く理解することができるようになる。相手に対し思いやりの心をもち，親切な行為を行うことは，よりよい人間関係を築く基盤であり，いじめ問題への対応を含め，思いやりの心の一層の育みは重要な課題である。指導に当たっては，相手の置かれているつらい状況や悲しい気持ち等を自分のこととして想像し，進んで親切な行為を行うことができるようにしていくことが求められる。

　本教材は，ちよの相手を思いやる親切な行為が六べえじいの心を解きほぐし，村人とも仲良く交流するようになった六べえじいの姿を描いている。親切な行為の意義や思いやりの心をもつことの大切さについて，深く考えさせることができる。

　本時のねらいは，「ちよの六べえじいを気遣う気持ちを通して，相手のことを思いやり，進んで親切にしようとする心情を育む」である。相手のことを親身になって考えようとする態度と意欲を養うとともに，思いやりの心の温かさを感じる豊かな心情を育みたい。

授業づくりのポイント

　設定した学習課題（中心発問）「相手への思いやりの心とは，どんな心でしょうか？」について考える。発表する時間は十分に確保したい。親切な行為の基盤は相手を思いやる心である。グループ学習で多面的・多角的に思考を深めることで，人との関わりの基本は「思いやりの心」であると気付かせたい。親切心は，「うれしい気持ち」「またやりたい気持ち」につながる。

本教材の評価のポイント

①児童の学習に関わる自己評価

・相手のことを思いやり，親切にすることの意義について深く考えることができたか。

・人との関わりの基本にあるのは，思いやりの心であることに気付くことができたか。

②教師のための授業の振り返りの評価

・思いやりの心や親切な行為の意義について，深く考えられるような発問を工夫できたか。

・相手のことを思いやり，進んで親切にしようとする心情を育む授業展開ができたか。

実践例

		学習活動	発問と予想される児童の反応	指導上の留意点
挙手・発言 親切な人について具体的に発言し，友達の発言にも興味をもって耳を傾けている	導入	①**問題を把握する** ・どんな人を親切な人と思っているかを発表する ・本時に取り組む問題と課題を共有する。	親切な人ってどんな人でしょう？ ・困っていたら手伝ってくれる人 ・お年寄りに席を譲ってあげる人 みんなはいつもできていますか？ ・できるときもあるし，できないときもある ・そうそう，ぼくもそう思う では，今日は，親切にするには何が大切かを考えましょう。	・自分の経験を基に発表させ，児童と本時の学習問題と学習課題を設定する
挙手・発表 主人公の思いに寄り添い考え，「道徳ノート」にまとめ発表している。友達の発表をメモしながら聞いている	展開	②**教材を読んで話し合う** ・登場人物を把握し，「ちよの親切な行為」について考え，発表する	このお話には，どんな人たちが登場しますか？　親切な人は誰でしょうか？ ・ちよや六べえじい ・おとうとおっかあ。村の人たち ・親切な人はちよ なぜちよは，親切な人と言えるのでしょうか？ ・ひとりぼっちの，六べえじいのことを気にしているから ・毎日六べえじいに届けているから ・思いやりがあるから ・優しい気持ちで接しているから	・登場人物の具体的な状況等を確認しながら，学習課題を把握する ・六べえじいに親切な行為をするちよの思いを「道徳ノート」にまとめさせる。予想される「思いやりの心」「優しい気持ち」の発言から中心発問につなげたい
グループトーク 自分の考えを積極的に発表するとともに，友達の意見を聞き，多面的・多角的に思考を深めている		③**グループで「思いやりの心」について話し合い，学びを深める**	相手への思いやりの心とは，どんな心でしょうか？ ・困っている人がいたら，親切にしたいと思う心 ・困っていたり，悲しんでいる人がいたら，気遣ってあげる心 ・自分も周りの人も笑顔になる心	・学習課題に対する自分の考えを基に，親切な行為の基盤である「思いやりの心」について多面的・多角的に話し合わせる
挙手・発言 自分の経験に基づき，今日学んだことをさまざまな視点で振り返り発言している		④**課題の解決に取り組んできた学習を振り返り，今日のめあてについて気付くことができたことを確認する**	親切にするには何が大切か，みんなで考えてきましたが，今日気付いたことは何でしたか？ ・親切にするには「思いやりの心」が大切だと分かりました ・「思いやりの心」は自分も相手もうれしい気持ちにすることが分かりました ・またやろうと思いました	・相手のことを考えた親切な行為は，お互いの気持ちをつなぎ，うれしい気持ちになることに気付かせる
道徳ノート 自ら思いやりの心をもって，進んで親切にしようとする記述がある	終末	⑤**本時で学んだこと，これからの自分について「道徳ノート」にまとめる**	授業を通して感じたことや考えたこと，考えが変わったこと，そして自分はこれからどうしたいかを考え，「道徳ノート」に書きましょう。 （感じたこと，考えたこと，考えが変わったことを，何人かに発表させてもよい）	・親切にするには「思いやりの心」が大切だとの気付きの意識化を図る

41

B-6 親切, 思いやり

相手のことを思いやり, 進んで親切にすること。

評価のためのキーワード
①思いやりの心を理解する
②相手の気持ちや立場を想像する
③親切な行為の意義を実感する
④親切な行為を進んで行う

親切な行為を行おうとする思いは, 相手の状況や心情を自分のこととして推し量り, 相手によかれと思う気持ちを向ける「思いやりの心」の存在が不可欠です。思いやりの心や親切心の育みは, 道徳の授業の原点です。

道徳ノートの評価文例

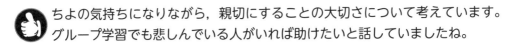
ちよの気持ちになりながら, 親切にすることの大切さについて考えています。グループ学習でも悲しんでいる人がいれば助けたいと話していましたね。

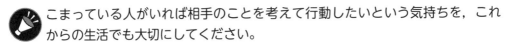
こまっている人がいれば相手のことを考えて行動したいという気持ちを, これからの生活でも大切にしてください。

● 「思いやりの心」の授業では, 友達の発言に比べ主人公の心情に寄り添った発言をしていました。

なぜ❓NG：他の児童との比較による評価をしているから。

●普段の生活でも, 思いやりの心をもち誰にでも親切にする習慣が身についています。

なぜ❓NG：普段の生活の様子が評価されているから。

通知表の評価文例

積極的に自分の考えを発表したり，他の児童の考えをしっかりと聞く姿が見られました。教材「六べえじいとちよ」のグループ学習では，「思いやりの心」とは困っている人がいたら，助けたいと思う心だと発言し，他の児童もうなずいていました。

毎時間の学習では，他の児童の考えや発言にしっかりと耳を傾けながら，これまでの自分の生活を振り返り，学習のテーマについて考えを深めていました。特に「思いやりの心」の学習では，主人公のちよの思いに共感し，親切な行為の大切さに気付くことができました。

教材のテーマをしっかり捉え，登場人物の心の動きをこれまでの自分と重ね合わせながら学習に向き合う姿が見られました。特に「思いやりの心」の学習では，けがをした1年生のお世話をして感謝された経験を述べ，さらに進んで親切にしようとする意欲を高めていました。

指導要録の評価文例

授業で学んだ道徳的価値について，自分なりに生活の中で実現しようとしている。「思いやりの心」の学習では，進んで親切な行為を行いたいとの記述があった。

日常の体験や自分の生活と重ねながら，教材テーマについて考えを深めている。特に「思いやりの心」の学習では，思いやりの心は人との関わりで大切だとの発言があった。

対象学年 小学3年生

内容項目：B－7 感謝

主題名

7 私たちをささえてくれている人たち

教材 大通りのサクラなみ木

授業のねらい

　小学校3年生ごろの発達段階では，利己から利他への思考の変容が見られ始める。日常生活において当たり前として捉えられている事実が，身の周りの人との関わり合いによって支え合っていることへの自覚を促したい。本教材では，「ぼく」が，大西さんがやりがいをもってサクラの世話をする姿を見て，自然に湧きあがってきた思いに着目する。自分自身が周りから見守られ支えられていることを自覚するとともに，ありがとう（感謝）の気持ちを抱きながら関わることの大切さに気付かせる。

授業づくりのポイント

　導入では，身近な所でお世話になっている交通安全指導員の挨拶や声掛けを思い出させる。なぜ，こうした活動がなされているのか，本教材に登場する大西さんの活動と重ね合わせて考えられるようにする。

　展開の中心発問では，グループワークを行い，異なる仲間の意見に触れ，自分の考えとの共通点や相違点を峻別する。話し合いではないので，一つの意見にまとめる必要はない。児童一人一人が自らの考えについて，再考する機会として位置づける。

　終末では，これまでの自らの経験を振り返り，教材を通した学びとの共通点を整理するとともに，改めて仲間との議論を踏まえつつ自らの考えを整理する。

本教材の評価のポイント

①児童の学習に関わる自己評価

・問いに対して，当事者意識をもって自分事して考えられたか。

・広い視野に立ち，多面的・多角的に考えられたか。

・人間としての生き方に関わらせて考えられたか。

②教師のための授業の振り返りの評価

・児童一人一人に考える時間を十分に確保し，自分の考えをもたせることができたか。

・グループワークを通して，児童一人一人が異なる意見に触れ，多面的・多角的な視点から自らの考えを再考させることができたか。

実践例

	学習活動	発問と予想される児童の反応	指導上の留意点
導入	①問題を把握する ・登下校時に，交通安全指導員のみなさんから，声掛けされた時の体験について発表する	声掛けをしてもらえると，どのような気持ちになりましたか？ ・ほっとした ・毎日，ありがとう ・うれしい ・何とも 今日は交通安全指導員ではなく，サクラ並木を守る人と子供との出来事について，考えていきましょう。	・これまでの経験を思い出し，周りの人から親切にされたり，人のために役立った時の気持ちを整理する
展開	②教材を読み，話し合う ・範読を聞く ・「ぼく」と「大西さん」とのやりとりを正しく確認する ・「笑顔で楽しそうに肥料をまいている」理由について考える ・ペアトークを通して，意見交換し，自分の考えと比較する（理由に着目する）	「大西さんたちは笑顔で，楽しそうに肥料をまいている」のはなぜでしょうか？ ・サクラを元気にしたい ・みんなから声を掛けてもらえる ・みんなから感謝されている ・周りの役に立ちたい，世話をしたい ・自分に与えられた役割である ・みんなと協力し合うのが好き ・周りから注目されている ・周りから褒められる	・全文を範読する ・自分の考えを整理するための時間を十分に確保する ・多くの仲間の意見に触れ，自分の考えと比較・検討する
展開	③「ぼく」が抱いている大西さんへの思いについて考える ・まずは自分でしっかりと考える ・4人1組のグループで意見交換をする ・ホワイトボードに整理する ④「ぼく」の思いについて，仲間の意見を踏まえながら再考する	「とてもやりがいがあるんだよ」と話す大西さんに，「ぼく」はどんな思いをもったでしょうか？ ・生き生きしている ・すごい人だなあ（尊敬） ・なかなか真似はできない ・サクラのことが好きなんだ ・サクラの世話をしてくれてありがとう ・サクラが元気なのは，大西さんらのおかげだ ・サクラは世話をされて喜んでいるだろう お友達の意見と同じところ，違うところに注目して，その理由を確かめ合いましょう。 ・ノートを見て几帳面な人だ（お医者さんみたい） ・大西さんのようになりたい ・一緒にお手伝いをしていきたい ・みんなの役に立てたらいいな ・何でサクラの世話をし始めたのだろうかを知りたい ・美しいサクラを楽しめるのも，大西さんらのおかげだ ・やりがいを感じている ・楽な仕事じゃないのに…	・自分の考えを整理するための時間を十分に確保する ・仲間の意見に触れ，自らの考え方を再構築する（共通点や相違点の理由に着目する） ・グループワークでは，合意形成を目指すのではなく，より多くの異なる考えや意見に接することに力点を置く ・ホワイトボードを掲示し，主な意見に着目しながら，その理由を尋ねる ・多様な捉え方に触れ，自らの考え方と比較するとともに，多面的・多角的な議論を通して，より深い学びへと誘う
終末	⑤自分の経験などと重ね合わせて考え直し，新たな気付きを整理する	この授業では，「ぼく」が抱いた大西さんへの思いについて考えました。自分でしっかりと考え，お友達の意見を聞き，考え直し，新たに気付いたことを「道徳ノート」に整理してみましょう。これまでに似たような経験があれば，それを採り上げてもいいです。	・「ぼく」が大西さんの活動に引かれた思いとは，自然と湧き出る感謝にあたるものであることを踏まえる

挙手・発言
自分の思いを素直に表現するとともに，仲間の意見にも耳を傾けている

挙手・発言
自分事として，当事者意識をもって考えている。仲間の意見に耳を傾け，自らの意見を考え直している

発言
仲間の意見に耳を傾け，自分の考えを仲間と共有しようとしている。仲間の意見と，比較・検討しようとしている

挙手・発言
大西さんへの思いを通して，自分なりの「感謝」のかたちを捉えようとしている

道徳ノート
最初の考えから仲間との意見交換を通して，考えが変化するとともに，新たな気付きを得ている

家族など生活を支えてくれている人々や現在の生活を築いてくれた高齢者に，尊敬と感謝の気持ちをもって接すること。

評価のためのキーワード
①感謝の意味を考える
②人は支え合いながら生きている
③相手の思いを汲み取り，敬意をもって接する
④社会の役に立つ

気付きにくい当たり前の取り組みが，家庭や地域での生活を支えています。交通安全，自然保護など，人と人とが関わり合い，助け合うことで社会が成り立ちます。

道徳ノートの評価文例

👍 「ぼく」の思いに気づけました。朝，横だん歩道で声をかけてくれる交通安全のおじさんにありがとうの気持ちを伝えたいですね。

💡 「ぼく」と同じけいけんをしたのですね。みんなが使うものを守ってくれる人を大切に思う気持ちを大切にしましょう。

- ●「感謝」についての学びから，社会に役立とうとする意欲，実践しようとする態度が育ちました。

  なぜ❓NG：実践意欲や態度を抽出した表現は望ましくない。

- ●感謝の気持ちをもつことへの理解を深め，人と関わり，支え合おうとする道徳的心情が芽生えました。

  なぜ❓NG：「道徳的心情が芽生え」のように道徳的心情を抽出した評価は望ましくない。

通知表の評価文例

教材「大通りのサクラなみ木」の学習では，自分の考えを整理した後，グループ活動に積極的に参画しようする姿が印象的でした。主人公の思いへと近づけることで，自分たちがさまざまな関わりを通して，周りから支えられて日常生活を送っていることに気付くことができました。

教材「大通りのサクラなみ木」の学習では，これまでの自らの経験を振り返り，「交通安全のおじさんからの声掛けがうれしいです」との記述が見られ，自分たちが当たり前に受け止めていることが，実は周りから支えられ，守られていることに気付きました。

授業を重ねるにつれ，主人公の動きに自分自身を重ね合わせて考え，自分なりの考えをしっかりともった上で，グループワークに参加でき始めています。仲間の異なる意見を聞き，その理由を確かめ合い，多面的・多角的な視点から自らの意見を考え直すことができました。

指導要録の評価文例

「人との関わり」の学習では，これまでの経験を振り返り，自分の意見をもち積極的にグループワークに取り組もうとする姿が見られ，活発な議論をすることができた。

授業を重ねたことで，第三者的な考え方から，自らを主人公に重ね合わせてその思いに近づこうとする姿勢が見られ始め，自分事として考えられるようになった。

対象学年 **小学3年生**
内容項目：B-8 **礼儀**
主題名

8 真心をもって

教材 いいち，にいっ，いいち，にいっ

授業のねらい

　人は誰しも，弱くて醜い自分と向き合うことがある。本教材の主人公・ちえは運動会で勝ちたいという思いが先行してしまい，二人三脚の競技の途中で，相方のあいちゃんの存在が視界から外れてしまう。しかし，あいちゃんの「いいち，にいっ，いいち，にいっ」の掛け声を聞くことで我に返り，二人は1番でゴールを切る。二人三脚の競技は，まさに相手の気持ちをおもんばかりつつ，敬意をもちながら進める共同作業である。本教材では，ちえが自然に発した「あいちゃんのおかげで一番になったの」の思いに迫ることで，誰に対しても真心をもって接することの大切さに気付かせる。

授業づくりのポイント

準備するもの・大型の写真パネル

　導入では，二人三脚の経験を思い出し，相手との呼吸が合わなければ，上手く取り組めない競技であることを再認識する。経験のない児童に対しては，写真パネルを提示したり，指導者と児童とで演示して見せることで，教材への関心を高める。また，展開の中心発問ではグループワークを行い，多面的・多角的な議論を通して，仲間の異なる考えに接し，自らの考えとの共通点や相違点を踏まえながら，自分の考えを再構築する。話し合い活動ではないので，意見を集約する必要はない。そして，終末では，これまでの経験を振り返り，教材の内容と重ね合わせ，共通点を見いだすことで，真心をもって接することの大切さに着目しつつ再考する。

本教材の評価のポイント

①児童の学習に関わる自己評価

・ちえの思いに対して，当事者意識をもって自分事として捉え，考えられたか。

・さまざまな視点に立ち，多面的・多角的に考えられたか。

・これからの生き方に関わらせて考えられたか。

②教師のための授業の振り返りの評価

・児童一人一人に考える時間を十分に確保し，自らの考え（理由を含む）をもたせたか。

・グループワークを通して，児童一人一人が異なる意見に接し，自らの考えをブラッシュアップ（深い学びへの誘い）させることができたか。

実践例

左側の欄（評価の観点）：

挙手・発言
自らの経験を思い出し、考えを発表するとともに、仲間の意見にもしっかりと耳を傾けている

挙手・発言
自分事として、当事者意識をもって考えている。仲間の意見に耳を傾け、自らの意見を考え直している

発言
仲間の意見に耳を傾け、自分の考えを仲間と共有しようとしている。仲間の意見と比較・検討しようとしている

挙手・発言
ちえのあいちゃんへの思いを通して、自分なりの「礼儀」のかたちを捉えようとしている

道徳ノート
最初の考えから仲間との意見交換を通して、考えが変化するとともに、新たな気付きを得ている

	学習活動	発問と予想される児童の反応	指導上の留意点
導入	①問題を把握する ・運動会での二人三脚の競技経験について思い出す ・経験がない場合は、競技の様子が分かる大型の写真パネルを示す	二人三脚の競技を覚えていますか？ ・勝ち（負け）ました ・難しかったです ・こけました ・足首が痛かったです 二人三脚の競技が難しいのは、なぜでしょうか？ ・相手と走る速さが違うから ・自分のリズムで走れないから ・気の合う子とペアでないから ・分からない	・これまでの経験を思い出しながら、教材の内容にも触れ、児童への関心を高める
展開	②教材を読み、話し合う ・範読を聞く ・ちえとあいちゃんとのやりとりを正しく確認する ・「いいち、にいっ、いいち、にいっ」と声を掛け始めた理由について考える ・ペアトークを通して、意見交換し、自分の考えと比較する（理由に着目する）	あいちゃんが、突然、「いいち、にいっ、いいち、にいっ」とゆっくり声を掛け始めたのは、なぜでしょうか？ ・私のリズムに合わせて ・ちえちゃんのリズムについていけない ・ちえちゃん、焦らないで ・勝つことばかり考えないで ・一緒にゴールしたい（完走したい） ・遅くてごめんなさい ・つき合ってくれてありがとう ・精一杯、頑張りたい ・私の思いを伝えたい	・全文を範読する ・自分の考えを整理するための時間を十分に確保する ・多くの仲間の意見に触れ、自分の考えと比較・検討する
	③ちえが抱いているあいちゃんへの思いについて考える ・まずは自分でしっかりと考える ・4人一組で、グループで意見交換をする ・ホワイトボードに整理する	「ちがうの、そうじゃないの。あいちゃんのおかげで一番になったの」には、ちえのどのような思いが込められているのでしょうか？ ・焦る私を冷静にしてくれてありがとう ・勝ちたい思いが先行してしまった ・自分のことしか見えていなかった	・自分の考えを整理するための時間を十分に確保する ・仲間の意見に触れ、自らの考え方を再構築する（共通点や相違点の理由に着目する） ・グループワークでは、合意形成を目指すのではなく、より多くの異なる考えや意見に接することに力点を置く
	④ちえの思いについて、仲間の意見を踏まえながら再考する	お友達の意見と同じところ、違うところに注目して、その理由を確かめ合いましょう。 ・真に相手を思うことに気付けた ・ちえは、あいちゃんを信じていなかった ・あいちゃんはちえを信じていた ・本当に大切なことに気付かせてくれた ・あいちゃんと一緒に頑張れてうれしい ・相手のことを大切に考えることを大切にしたい ・あいちゃんに、感謝している ・二人で頑張ってきて、本当によかった	・ホワイトボードを掲示し、主な意見に着目しながら、その理由を尋ねる ・多様な捉え方に触れ、自らの考え方と比較するとともに、多面的・多角的な議論を通して、より深い学びへと誘う ・自分の弱さや醜さと向き合い、人間理解を踏まえながら発言を取り扱う
終末	⑤自分の経験などと重ね合わせて考え直し、新たな気付きを整理する	この授業では、二人三脚を通してちえがあいちゃんに対して抱いた思いについて考えました。自分でしっかりと考え、お友達の意見を聞き、考え直し、新たに気付いたことを「道徳ノート」に整理してみましょう。これまでに似たような経験があれば、それを採り上げてもいいです。	・ちえは勝ちたい思いが先行し、自分のことしか考えられない自分の弱さに気付けた。あいちゃんがいたからこそ、真心をもって接することの大事さに触れられたことを踏まえる

49

B-8 礼儀

礼儀の大切さを知り，誰に対しても真心をもって接すること。

評価のためのキーワード
①礼儀の意味を考える
②真心をもって関わる
③相手のことをおもんばかり接する
④人間の弱さや醜さと向き合う

二人三脚では，相手のことをおもんばかり，リズムを合わせるからこそ早く走れます。その行いが真心ですね。

道徳ノートの評価文例

👍 あいちゃんの思いに気づくことができました。友だちが自分の気持ちを受け止めてくれていると安心できますね。

📢 ちえちゃんと同じけいけんがあったのですね。友だちに伝えたことを心に留めて，これからも真心をもちつづけましょう。

● 「礼儀」の学習を通して，相手のことをおもんばかって行動しようとする道徳的心情が芽生えました。

　なぜ❓NG：「道徳的心情」に限定し，抽出して評価する表現は望ましくない。

● 真心をもって関わることへの理解を深め，学校生活で礼儀正しく行動しようとする性格が育ちました。

　なぜ❓NG：「性格が育つ」と，人間性全体（人格）として捉え評価することは望ましくない。

通知表の評価文例

教材「いいち，にいっ，いいち，にいっ」の学習では，自分の考えをもって発表し，仲間の意見にも耳を傾け，考え直すことができました。「自分だけでなく，相手のことを考えて行動したいです」との感想から，主人公・ちえの思いに近づき，自分事として考えることができました。

新学期の頃から，ひたすら主人公の気持ちに近づけて考えようとする姿勢が見てとれました。その後，授業を重ねるごとに自分の経験と重ね合わせて考えることができ始め，「相手の気持ちを受け止めながら行動します」など，自分事として捉えた表現が見られました。

授業を重ねるごとに，自分の意見を整理して発言することができました。その後のグループワークでは仲間の意見に触れ，共通する点や異なる点を中心に比較しながら，その理由に迫ることで道徳的価値への気付きへとつなげることができました。

指導要録の評価文例

問いへの自分なりの考えをもち始め，仲間の意見にも耳を傾け，自らの意見を再考し，道徳的価値への気付きへと迫れた。

授業を重ねるごとに，自らの経験と重ね合わせ，自分事として捉え考えようとする姿勢が見てとれるようになった。

対象学年	内容項目：B-9 友情，信頼
小学4年生	主題名

9 信頼している友達だから

教材 大きな絵はがき

授業のねらい

　友達との関係について考えると，仲が良く互いに信頼し合っていることを思い浮かべる。仲が良くなっていく要因を考えていくと，一緒に遊ぶなど共に時間を過ごすことや，話をしていて気が合うことなどが考えられる。そのような時間を過ごす中で，自分の考えや思いを出しても大丈夫であるという，安心感や信頼感が生まれる。時には，意見がぶつかり対立することもあるだろう。双方が思っていることを言い合えるのは，相手のことを本当に大切に思っているからだ。だからといって何でも言い合うというのは，関係を崩すことになりかねない。相手のためになるのか，自分のためだけになっていないかを十分吟味した上で，伝えることが大切である。

　本教材では，友達の過ちを伝えるか伝えないかを話し合うことを通して，信頼し合っているからこそ，いけないことはいけないときちんと伝えることができる道徳的判断力を育てる。

授業づくりのポイント

- 事前に教材を読んでおき，考える時間を確保する。
- 自分の考えをもって話し合いに臨めるよう，ペアで意見交換する時間を設ける。
- 出てきた考えを教師が整理して板書し，どの考えが納得できるかを話し合う。

本教材の評価のポイント

①児童の学習に関わる自己評価
- 伝えようか迷う登場人物に共感し，自分のこととして考えることができたか。
- 他の人の考えを聞き，信頼できる友達について多面的・多角的に考えることができたか。

②教師のための授業の振り返りの評価
- 自分のこととして考えられるような子供の実態に合った発問ができたか。
- 子供から出てきた考えを整理して板書し，納得できる考えをつくっていく話し合いをコーディネートできたか。

実践例

発言・道徳ノート
自分の考えをもつことができている

挙手・発言
手紙をもらった広子に共感している

ペアトーク・発言
料金が不足していることを伝えるかどうか，自分との関わりで，考えることができている

挙手・発言
話し合いや自分の体験などから，信頼している友達だからこそ，どうすればいいのかを多面的に考え，自分が納得できる考えをもつことができている

道徳ノート・発言
自己を見つめながら，信頼できる友達とはどういう友達かを考えることができている

	学習活動	発問と予想される児童の反応	指導上の留意点
導入	①現段階で思う友達についての考えを出し合う	信頼できる友達って，どんな友達だと思いますか？ ・困った時に助けてくれる友達 ・いけないことをきちんと言ってくれる友達 ・本当に自分のことを考えてくれている友達	・授業の終末にも同じ発問をすることで，みんなで考える前と後で，自分の考えにどのような変化があったかを見取ることができるようにする
展開	②教材を基に，話し合う ・登場人物のイラストで内容を整理する ・隣の人とペアトークをしながら，自分の考えを明確にしていく ・ペアトークの後，クラス全体で話し合う。その際，理由を言う ・自分が納得できる考えを選び，その根拠を発表する	転校していった仲良しの正子から絵はがきをもらって，広子はどんな気持ちだったでしょうか？ ・久しぶりでうれしいな ・元気そうでよかった。私も返事を書かなきゃ ・来年の夏休みに会いたいなあ 母と兄の考えを聞き，部屋に戻った広子はどんなことを考えたでしょうか？ 〈伝える〉 ・お兄ちゃんが言っていることも分かるから，伝えようかな ・次から同じ間違いをしたらいけないから，伝えた方がいいかな 〈伝えない〉 ・せっかく私のために送ってくれたのに，嫌な気持ちにさせてしまうな ・言いにくいな。私が言わなくても，他の人が言ってくれるかも ・そんなに高いわけじゃないし，絵はがきなんてめったに送るものではないよ もし，間違えた相手が友達じゃなかったら，伝えますか？ ・伝える。向こうが勝手に送ってきたものに，どうしてこちらがお金を払わなければならないのかと思うから ・伝えない。そんなに高いわけじゃないし，気を悪くしたらいけないから ・友達だから伝えようかどうか迷う。料金が不足していることを伝えて，友達じゃなくなるんだったら，それだけの友達だったのかもしれない。言い方を考えて伝えてみよう	・手紙をもらってうれしい広子に共感することで，この後どうすればいいのかを考える際に対比しやすくする ・事前に教材を読んでおくことで，考えたり話し合ったりする時間を確保する ・ペアで話す活動を取り入れることで，自分の考えがもてるように，時間を十分に確保する ・子供の考えをしっかりと受け止められるように，出てきた意見は後でまとめて板書する ・伝えるか伝えないかを対比するように板書することで，多面的に考えやすくする ・補助発問として聞くことで，友達だからこそ言いにくいことでも，その人のために伝えることが大切であることに気付くことができるようにする ・納得できる考えはどれかを話し合うことで，考えを明確にする。その際，子供たちの考えを整理しながら板書するなどして，話し合いをコーディネートする
終末	③学習を通して，友達についてどう考えるようになったかを「道徳ノート」に書く	信頼できる友達ってどんな友達だと思いますか？　学習を通して思ったことや考えたことを「道徳ノート」に書きましょう。 ・言いにくいことでも，間違っているということを伝えられるのが，本当の友達だと思う ・最初は，伝えると正子が嫌な気持ちになるかなと思って言いにくいと思っていた。でも，みんなの話を聞いて，伝えてあげることが相手のためになるということが分かった。伝える時はドキドキするかもしれないけれど，言いにくいこともきちんと伝えたい	・学習を振り返って考えたことを「道徳ノート」に書くことで，信頼できる友達について，じっくり考えられるようにする

53

B-9 友情, 信頼

友達と互いに理解し, 信頼し, 助け合うこと。

評価のためのキーワード
①友達だからこそ, 言いにくいことでも伝える
②友達のことを理解する
③思っていることを伝えることが信頼につながる
④相手の立場になって考える

友情の根底には, 相手への信頼と敬愛の念があります。相手の幸せを願い, 互いに励まし合い, 高め合い, 助け合っていく関係が友達への信頼につながります。

道徳ノートの評価文例

👍 友達だからこそ, 言いにくくてもまちがっていることを伝えることが大切だということに気付くことができましたね。

📣 楽しいことをすることだけが友達ではなく, 本当の友達だからこそ, 言いにくいことも言うし, 友達もそれを受け止めようって思えるのかもしれませんね。

通知表 NG文例

●友達のことを思って, 言いにくいことでもきちんと伝えようという判断力が身につきました。

　なぜ❓NG：判断力が育ってきたか容易に判断できないから。

●授業後, 間違っていることを相手が嫌な気持ちにならないように上手に伝える姿が見られました。

　なぜ❓NG：生活面での内容であり, 道徳科の評価にふさわしくないから。

通知表の評価文例

自分の考えを積極的に発表しています。教材「大きな絵はがき」では，仲の良い友達であっても間違っていることを伝えることは，相手のためになることに気付き，友達を大切にしたいという思いをもちました。

人の考えを真剣に聞き，自分の考えと比べながら学んでいます。教材「大きな絵はがき」では，言いにくいことであっても相手に伝えることで，さらに友達から信頼されるという考えをもちました。

主人公に自分を重ねながら考えています。教材「大きな絵はがき」では，嫌われないかなと心配しながらも，相手のためを思って伝えることが大切であることに気付きました。

指導要録の評価文例

登場人物に共感することを通して，相手の立場になって考えることの大切さを再認識することができた。

道徳的な葛藤場面に対して自分の考えをもって話し合いに臨み，道徳的価値の理解を深めていた。

| 対象学年 小学3年生 | 内容項目：B-10 相互理解，寛容 |

10 仲なおりをするときには

教材 たまちゃん，大すき

 ### 授業のねらい

　さまざまな立場の人が関わり合い，生きていくこれからの社会で，他者の思いや考えに理解を示すことは必要不可欠な力である。そのためには，自分の意見を伝えるだけでなく，広い心で相手の意見に耳を傾けることが大切であるが，感情的になっていると容易にそうすることができないのも事実だろう。

　小学３年生の児童は，個人差はあるものの，自他の感じ方や考え方の違いを認識し始める頃とされている。しかし，自分の感情を優先し過ぎるあまり，喧嘩になることも少なくない。自分の感情と同じように，相手の感情も尊重されるべきものであることに気付かせたい。

　本教材は，漫画『ちびまる子ちゃん』のエピソードの一つであり，仲の良い友達のまる子とたまちゃんが，ある約束がきっかけで大喧嘩をしてしまう話である。約束を守ったまる子は，守れなかったたまちゃんが許せない。しかし，後々相手と同じ立場になってはじめて，お互いの気持ちを理解し仲直りする。自分と同じ小学３年生という，まさに等身大のキャラクターである二人を通し，他者の立場や気持ちについて理解を深めることができる教材だと言える。

授業づくりのポイント

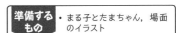

　導入場面では，約束を破られた経験やその時の気持ちについて出し合うことで，同様の経験をするまる子への感情移入を容易にさせる。そして，約束を守れなかった理由を聞きながらも，たまちゃんを許せない前半部分のまる子と，涙を流しながら仲直りする後半部分の二人を比べることで，他者の気持ちを尊重し，互いに理解し合うことの大切さに気付かせる。

 ### 本教材の評価のポイント

①児童の学習に関わる自己評価

　・自分と同じように，友達の行動にも理由や考えがあることに気付けたか。

　・友達をなかなか許すことができなかったまる子の気持ちを共感的に捉え，その上で他者の気持ちを尊重し，理解しようとするようになったか。

②教師のための授業の振り返りの評価

　・登場人物に共感させ，他者を尊重し互いに理解し合う意欲をもたせることができたか。

実践例

		学習活動	発問と予想される 児童の反応	指導上の留意点
	導入	①自分の経験を思い出す ・友達と約束した経験を発表する ・友達に約束を破られたらどう思うかを発表する	みなさんは，どんな約束を友達としたことがありますか？ ・一緒に遊ぶ約束 ・物を持って行く約束 ・友達を待つ約束 その約束を友達に破られたら，どう思いますか？ ・すごく腹が立つ ・約束を破るなんてひどい！ ・なんで守ってくれないんだろう	・教材文の内容に関係したこれまでの体験を思い出し，まる子に感情移入しやすくする ・終末で本時の学習をする前の自分の気持ちや考えと比較して振り返りを書けるよう，「道徳ノート」や黒板に書き残しておく
	展開	②教材を読んでまる子の気持ちを考える ・まる子とたまちゃんはどんな人物か発表する ・前半の範読を聞く （124ページ8行目まで） ・まる子が，たまちゃんを許せないのは，どうしてかを発表する	まるちゃんとたまちゃんがどんな人か知っていますか？ ・いつも一緒 ・仲良しの友達 ・まるちゃんは面白い ・たまちゃんは優しい どうしてまるちゃんは，たまちゃんのことを許せないんですか？ ・約束を破られたから ・一人ぼっちでずっと待っていたから ・たまちゃんに裏切られたと思ったから ・楽しみにしていた分，腹が立ってるから たまちゃんはちゃんと理由を説明しているけど，それでも許せないの？ ・それでも許せないぐらい怒ってる ・もう捨てちゃったから今さら遅い ・僕ならきっと許せないと思う	・まる子とたまちゃんのイラストを見せる ・児童とやりとりしながら二人が仲良しの友達であることを確認する ・紙芝居形式で範読し，登場人物の表情に注目させる ・場面のイラストを黒板に貼って，まる子への感情移入を容易にする ・たまちゃんにも理由があることに気付かせる ・似ている体験を思い出させ，相手を許すことの難しさを実感させる
		③教材の続きを読み，二人が仲直りできた理由を考える ・後半の範読を聞く ・どうして二人は仲直りすることができたと思うかを考える ・意見がまとまったら近くの人と共有をする。その後，発表する	どうして，まるちゃんとたまちゃんは仲直りすることができたと思いますか？「道徳ノート」に書きましょう。 【まる子】 ・火の番をしていて，たまちゃんの気持ちが分かって，「仕方ないな」って思った ・一生懸命，タイムカプセルを探していたから 【たまちゃん】 ・まるちゃんが寒い中，ずっと待っていてくれたことに気付いたから ・まるちゃんの気持ちが分かって，「怒られても当たり前だな」って思った 【二人に共通】 ・ちゃんと謝ったから ・どっちもすごく後悔したから ・二人とも「ごめんなさい」って言ったから ・相手と同じ体験をしたから ・相手がどんな気持ちだったか分かったから	・前半場面のまる子と比較して考えさせる ・「まる子」「たまちゃん」「二人に共通」それぞれの行動や気持ちを分けて板書することにより，二人が相手のことを一生懸命理解しようとしている様子を示す ・互いに涙を流して抱き合う姿や何度も謝る姿という目に見える行動の裏に，相手の気持ちを考えることができなかった後悔や，理解し合うことができたうれしさの気持ちがあることを押さえる
	終末	④授業で学んだことをこれからの生活に結び付ける	これからの生活で，もし友達に約束を破られたり喧嘩になったりしたら，あなたはどうしたいですか？理由も一緒に書きましょう。	・導入時での自分の気持ちや考えを想起させ，考えが変わった，あるいはより深まったことを感じさせたい

挙手・発言
自分の経験を発表したり，友達の発表を興味深く聞いたりしている

挙手・発言
まる子の気持ちを共感的に捉えようとしたり，友達の発表を興味深く聞いたりしている

道徳ノート・発言
二人が相手の気持ちをまるで自分のことのように考え，一生懸命行動していることに気付いている

道徳ノート
この時間に気付いたことや考えたことを，今後につなげようとしている

57

B-10 相互理解、寛容

自分の考えや意見を相手に伝えるとともに、相手のことを理解し、自分と異なる意見も大切にすること。

評価のためのキーワード
①自分の意見や気持ちを相手に伝える
②相手の意見や気持ちに耳を傾け理解を示す
③他者の言動の背景には何らかの理由があることに気付く
④自分とは異なる立場や考え方も尊重し、相手を理解する

自分と他者は異なる意見をもっていると分かってはいても、感情的に思わず否定してしまうことってありますよね。広い心で他者を理解しようとすることが大切です。

道徳ノートの評価文例

👍 けんかをした時も、友だちの気持ちを大切にしようとする〇〇さんなら、きっとまるちゃんたちみたいに仲なおりできますよ。

📢 どんなことに気がついたから、まるちゃんたちは「ごめんね」と言えたのでしょうか？ それを発見してみましょう！

通知表 NG文例

● 登場人物の姿に自分を重ねて考え、友達の気持ちを理解しようと努力して、性格に深みが出てきました。

なぜ❓NG：児童の人間性を評価することは不適切だから。

● 登場人物の姿に自分を重ね、友達と喧嘩をした時に謝ることの大切さに気付くことができました。

なぜ❓NG：「ただ謝ればよい」という誤ったメッセージを伝えてしまう可能性があるから。

通知表の評価文例

「相互理解，寛容」について考えた教材「たまちゃん，大すき」の授業では，遊ぶ約束を破られた時のことを思い出し，まるで自分のことのように怒ったり悩んだりしながら考えました。そして，友達にも，自分と同じように何か理由や考えがあるということに気が付きました。

「相互理解，寛容」について考えた教材「たまちゃん，大すき」の授業では，約束を守れなかった理由を聞いてなお，友達を許すことができなかったまるちゃんの思いに共感しました。そして，その上で相手の気持ちを大切にしようとする思いをもつことができました。

いつも友達のことを考えて行動することができる〇〇さん。特に，教材「たまちゃん，大すき」の学習をしてからは，友達同士が喧嘩をしそうになった時，「お友達にも，何か理由があったかもしれないよ？」と声を掛けるようになり感心しました。

指導要録の評価文例

友達の意見や気持ちを気に掛けながら，いつも仲良しでいられるにはどうしたらよいかを深く考えることができている。

他者には自分と異なる立場や考え方があることを知り，それらを尊重しながら自分の在り方を深く考えようとしている。

59

対象学年
小学4年生

内容項目：C-11 規則の尊重

主題名
11 きまりを守るのは何のため

教材 雨のバスていりゅう所で

 授業のねらい

　小学校4年生の時期は，きまりは守らねばならないことや，公共の場での振る舞いに気を付けねばならないことは分かっている。しかし，まだ自己中心性が抜けきれないため自分勝手な行動をしがちである。また，きまりは守らねばならないと考えている児童でも，親をはじめとする周りの大人に「注意されるから」がその理由になりがちであり，「みんなが気持ちよく，暮らしやすくするために」というきまりの意義や価値にはまだ気付いていない可能性が高い。

　そこで本教材を用いた授業では，バス停での「順番を守る」というきまりの存在に気付かずよい席を確保したいがために「順番抜かし」をするよし子，「強く引き戻し」たり「無言」という態度でとがめる母，その他のバスの乗客たちの気持ちを，多様に考えさせ，きまりが何のためにあるのかを深く理解させる。その上で，きまりを守ることの大切さに気付かせる。

 授業づくりのポイント

準備するもの・場面絵，吹き出し

- 登場人物の三者（よし子，母，乗客）の立場で多面的に考えさせる。それによって，「みんなが暮らしやすくするため」という規則尊重の本質を気付かせたい。
- バス乗り場のきまり（だれが先頭か）が非明示であること，母が態度（無言，視線を合わせない等）でよし子を注意するところなど，認知特性によっては理解が難しい場面には，場面絵での可視化や補足説明をするなど，どの児童にとっても理解しやすい支援をしたい。

本教材の評価のポイント

①児童の学習に関わる自己評価
- よし子，バスの乗客，お母さんの気持ちを想像して考えようとしたか。
- 多面的に考えるという学びの過程を踏まえて，きまりを守ることの大事さに気付いたか。

②教師のための授業の振り返りの評価
- バスを待つには悪条件（強い雨風），きまりは非明示という自己中心的に行動しがちな場面であることを確実に把握させた上で，多様な立場や気持ちを考えさせることができたか。
- 多面的に考えさせる過程を，「みんなにとってきまりを守ることが大事」という意識生成に反映させることができたか。

実践例

左側の囲み（評価の観点）:

挙手・発言
きまりに関する自分の経験を思い出していたか。公共の場にはきまりがあることに気付けたか

挙手・発言
よし子の気持ちになって場面を把握しようとしているか

挙手・発言
よし子，バスを待つ人たち，お母さん，それぞれの立場で気持ちを考えることができたか

挙手・発言
きまりを守る理由が「みんなが暮らしやすくするために」であることに気付けたか。授業始めと，最後できまりを守る理由が深まったことに気付けたか

道徳ノート
授業での学びを振り返っているか。きまりが何のために必要なのか，なぜ守ることが重要なのかについて考えられているか

	学習活動	発問と予想される児童の反応	指導上の留意点
導入	①問題を把握する ・破りそうになったきまりについて発表する	きまりを破りそうになったことはありますか？ ・市民図書館で，少し大きな声でおしゃべりしてしまった ・廊下を走りそうになった	・「破ったきまり」だと発表しにくいので，「破りそうになったきまり」を思い出させる
	・みんなが使う場には，いろいろなきまりがあることに気付く	みんなが使う場所にはいろいろなきまりがありますね。それでは，どうしてきまりを守らないといけないのでしょうか？ ・先生に言われるから ・お母さんに怒られるから	・ここで出た意見は，考えを深めた後の意見と比べられるよう，板書しておく
展開	②教材を読み，前提となる場面を理解する ・教材の概要を把握する	よし子はどんな天気の日に，どこで，どのような感じでバスを待っているのかな？	・教師が教科書を一通り読む ・場面絵，吹き出しなどで分かりやすく示す ・きまりが明示されていないことも確認する
	・雨風が強い（悪条件）中，よし子たちがバスを待っている状況を理解する	・雨や風が強い日 ・バス停前のたばこ屋さんの軒下 ・「だいたい早く来た順に並んでいるよう」だ	
	・早くバスに乗りたい主人公・よし子の気持ちを理解する	バスが見えて，よし子が停留所の先頭に並んだ時，どのような気持ちだったでしょうか？ ・服もお土産も濡れちゃった ・早く乗ってよい席を取りたい	・悪条件やお土産の袋が濡れていることに改めて注意を向け，「早く，早く」という気持ちがよし子に募っていたことを確認する
	・お母さんがよし子を制した場面を捉える	お母さんは，何も言わずに，よし子を引き戻しましたね。どうしてでしょうか？ ・よし子が自分勝手だから ・他の人に迷惑を掛けているから	・お母さんの気持ちはこの後③でしっかり考えさせるので，この時点では簡単に場面把握をする
	③問題場面について，多面的・多角的に考える（よし子，バスを待つ人，お母さん，の多様な立場の気持ちを考える）	知らぬふりで，窓の外をじっと見るお母さんの横顔を見て，よし子はどのようなことを思ったでしょうか？ ・いつも優しいお母さんなのに，どうして	・段階的に（お母さん，バスを待つ人，よし子の順で）考えさせることで，価値の押しつけにならないようにする
	・お母さんの気持ちを考える	どうしてお母さんは黙っているのかな？ ・どうしてきまりを守らなかったの ・他の人に迷惑が掛かるでしょう ・周りの人たちに，恥ずかしい	・お母さんの気持ちをしっかりと想像させる
	・バスを待っていた人の気持ちを考える	バスを待つ他の人たちはどう思ってたのかな？ ・こちらが先に待っていたのに ・先に来た人から乗るのが，バス停のきまりだよ	・（お母さんが想像したであろう）バスを待っていた人たちの見方や気持ちを想像させる
	④きまりに気付く	よし子はどうすべきだったでしょうか？ ・きまりに気付くべき ・他の人のことを考える	
終末	⑤学んだことを振り返る ・導入部分で発表した自分たちの意見と比べる	今日の学習を振り返って「どうしてきまりを守らないといけないのか」を考えましょう。	・導入部分のきまりを守る理由についての意見と対比し，本時の学習の成果としてきまりを守る理由が深まったことに気付かせる（児童の学習過程を価値付ける）
	・学習の振り返りを「道徳ノート」に記入する	・きまりはみんなのため ・みんなが気持ちよく生活するため	

61

C-11 規則の尊重

約束や社会のきまりの意義を理解し，それらを守ること。

評価のためのキーワード
①いろいろなきまりがあることについての意識・関心
②自分勝手をすることで，他の人が困るかもしれないことへの気付き
③きまりをお互いに守ることで，私たちの暮らし(公共の場)が成り立っていることへの理解
④きまりを守ろうとする姿勢

「怒られたくないから」きまりを守るという児童もいるかもしれません。多様な見方を通して，規則や守る必要性に気付きたいですね。

道徳ノートの評価文例

👍 バスを待つ人の気持ちについて○○さんが発言してくれたおかげで，きまりについての話し合いが深まりましたよ。

📣 「みんながすごしやすくするためのきまり」という今日の気付きを，次の社会科見学のふるまいに生かしたいですね。

通知表 NG文例

● 自分勝手な主人公をいさめる母親の様子から，きまりを守る大事さに気付くことができました。

なぜ❓NG：「怒られないために，きまりを守るべき」という誤ったメッセージを伝えてしまうから。

● 「規則の尊重」の授業では，迷惑を掛けない気持ちの大切さに気付くようになりました。

なぜ❓NG：「規則の尊重＝迷惑を掛けない」ではないから。

通知表の評価文例

道徳的価値を，「みんなにとって」という見方から広く深く考えることができました。教材「雨のバスていりゅう所で」では，主人公の自分勝手な行動を，周りの人の立場から考え，公共の場できまりを守る重要性を理解しました。

きまりを守ろうとする姿は既にありましたが，道徳科の学習を通じて守る理由をしっかり考えるようになりました。教材「雨のバスていりゅう所で」の授業では，怒っている様子のお母さんの態度の訳を掘り下げて考えることで，「規則の尊重」の意義に気付きました。

道徳的価値の理解を，自分の暮らしに生かそうとしています。教材「雨のバスていりゅう所で」での「規則の尊重」についての学びからは，公共の場での規則について，「分かりにくいきまりもあるから，いつも振る舞いに気を付けたい」という発言がありました。

指導要録の評価文例

「規則の尊重」の授業では，きまりを守る必要性を，多様な立場の見方から考え，自分の生活をより深く考えようとしていた。

「規則の尊重」の授業では，自分勝手な主人公の行動をとがめる母親の気持ちを深く考え，公共のきまりを守る意味を理解しようとしていた。

対象学年 **小学4年生** 　内容項目：C-12　公正，公平，社会正義

主題名

12 誰に対しても公平に

教材　となりのせき

授業のねらい

　本時のねらいは，周囲の人に公正・公平な態度で接することで集団生活がよりよいものになることに気付き，誰に対しても分け隔てなく接しようとする心情を育てることである。

　公正・公平とは，自分の好みや都合だけで相手に不公平な態度を取らず，誰に対しても分け隔てをしないで接することである。集団生活では，誰に対しても公正・公平な態度で接することが人間関係を円満なものにし，いじめ問題などを防止することを理解できるようにする。

　この教材を通して，主人公がクラスの男子への理解を重ねる過程を共感的に捉えさせ，公正・公平の道徳的価値に気付き，ねらいに迫るようにしたい。

授業づくりのポイント　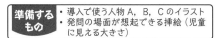

準備するもの
・導入で使う人物A，B，Cのイラスト
・発問の場面が想起できる挿絵（児童に見える大きさ）

　導入では，不公平な態度をされた人の気持ちに共感し，人に公平に接するために大切な気持ちを考えようとする課題意識を高める。展開では，主人公に自我関与させながら，公平に接する理由について考えていく。終末では，今日の授業で大切だと思ったことや今後頑張りたいことなどの視点を提示して振り返りを行い，誰にでも公平に接していこうとする道徳的実践意欲を高めることができるようにする。

本教材の評価のポイント

①児童の学習に関わる自己評価

・中心発問によって，人に対して公平に接することの大切さを，多面的・多角的に考えることができたか。
・人に公平に接することの大切さを自分自身との関わりで考えることができたか。

②教師のための授業の振り返りの評価

・中心発問と補助発問によって，公平さについて多面的・多角的に考え，ねらいに迫ることができていたか。
・人に公平に接することの大切さを自分自身との関わりで考えさせるために，挿絵などの提示は有効だったか。

実践例

		学習活動	発問と予想される児童の反応	指導上の留意点
挙手・発言 問題に気付き，意欲を もって参加しようとし ている	導入	①問題を把握する ・不公平な態度について考え，不公平な態度をとられたときの気持ちを考える	Aさんが B さんと C さんに対してとっている態度を見てどう思いますか？ ・態度が違う ・Aさんは B さんには優しいのに C さんには厳しい ・平等じゃない こんな態度をとられている C さんはどんな気持ちでしょうか？ ・差別されていて嫌だ ・なんで自分だけ ・腹が立つ	・物を貸す場面を想定し，Aさんの C さんに対する不公平な態度を例示することで，課題意識を高めることができるようにする ・みんなに同じように接することを公平な態度だと確認する ・不公平な態度をとられた時の不快感を基に，「公平に接するために大切なことについて考えよう」とめあてを設定し，主体的に学習に参加できるようにする
	展開	②教材を読んで話し合う	席替えで隣の席がたけしさんになった時，「わたし」はどんな気持ちになったでしょうか？ ・がっかり ・たけしさんが隣なんて運が悪い ・苦手な人だから嫌だ みちこさんたちの話を聞いた「わたし」は，どんな気持ちになったでしょうか？ ・たけしさんは，人の嫌がる仕事もやれる人だったんだな ・妹の面倒をみる，優しい人だ ・席替えの時の私の態度が恥ずかしいな	・教師が全文を通読する ・不公平に接した時の気持ちを「わたし」に共感して考えることができるようにする ・人を一面的に見ていたことに気付いた時の気持ちを「わたし」と自分を重ね合わせて考えることができるようにする
道徳ノート・発表 人に対して公平に接することの大切さを，多面的・多角的に考えている		③母親が言った「もっと大事なこと」について考える ・最初に数名が発表する ・「道徳ノート」に考えを書く ・考えをグループで交流する ・全体で発表する	お母さんが「わたし」に言った「もっと大事なこと」とは，どんなことでしょうか？ ・どんな人にも分け隔てをしない ・自分の好みや都合だけで相手を見ない ・いつも正しい心と目をもって人と関わる ・思い込まず，正しいことをきちんと判断する ・相手の立場に立って考える ・不公平な態度は周りの人にも悪い影響を与える 公平に接するためにはどんな気持ちが大切ですか？ ・相手のことを思い込まない，決めつけない ・不公平にされた人の気持ちを考える ・周りの人への悪い影響を考える	・母の言葉の意味を「道徳ノート」に書いたり，グループで話し合ったりする中で，公正・公平の価値理解や他者理解を深めることができるようにする ・中心発問で多様な意見が出た後で，「なぜ，人に対して公平に接することが大切なのか？」と問うことで，人に公平に接することは周囲の人もよい気持ちになることに気付くことができるようにする ・善悪の判断，思いやり，公平さといった道徳的価値に関する発言を区別して板書することで，多面的・多角的に考えることができるようにする
道徳ノート この時間で気付いたことや，これから頑張りたいことを振り返り，自分の生き方について考えを深めている	終末	④この時間で気付いたこと，これからの自分の生活にどう生かすのかをまとめる	今日の学習を通して，大切だと思ったことや友達から学んだこと，これから頑張りたいことを振り返りましょう。「道徳ノート」に書いてみてください。 ・思い込みで人に不公平に接すると周りの人にも嫌な思いをさせることがある ・グループの友達の意見を聞いて，正しいことかどうか，よく考えて判断することが大切だと思った ・これからは周りの人のことも考えて，人に公平に接していきたい	・視点を提示して本時の学習を振り返ることで，学習内容を自分との関わりでより深く考え，今後の発展につなぐことができるようにする

65

C-12 公正, 公平, 社会正義

誰に対しても分け隔てをせず，公正，公平な態度で接すること。

評価のためのキーワード
①誰に対しても
②人間関係を円滑に
③周りの人のことを考えて
④公平な態度

中学年では，不公平な態度が人間関係や集団生活に影響を与え，いじめなどにつながることに気付かせたいですね。

道徳ノートの評価文例

👍 あまり知らない下級生にも友達と同じように遊びにさそったから，みんなで楽しく遊ぶことができましたね。

📣 これからの生活でもみんなに公平にせっしていこうとする前向きな気持ちがいいですね。

通知表 NG文例

● 人に対して公平に接することの大切さを学んだので，休み時間に誰とでも遊ぶ姿が見られました。

なぜ❓NG：日々の行動の様子を評価するのは不適切だから。

● これまでは不公平な態度で接することがありましたが，今後は公平に接しようと振り返りに書きました。

なぜ❓NG：児童のマイナス面に触れており，児童の成長の様子が保護者に伝わりづらいから。

通知表の評価文例

道徳的な問題を自分のこととしてより深く考えるようになりました。特に教材「となりのせき」の学習では，公平に接することの大切さについて話し合う中で，人に公平に接すると周りの人もうれしくなるから公平さは大切だと発表しました。

これまでの自分を振り返り，自らの行動や考えを見直していました。特に教材「となりのせき」の学習では，公平に接することの大切さについて話し合ったことをもとに自分を見つめ直し，知らない下級生にも公平に接することができた経験を「道徳ノート」に書きました。

道徳的な問題についてさまざまな視点から考えるようになりました。特に教材「となりのせき」の学習では，誰にでも公平に接するためには，人の個性を理解することに加え，集団をよりよくする視点も大切だと多様な考えを「道徳ノート」に書きました。

指導要録の評価文例

道徳的価値の理解を基に自分の経験を振り返り，人に公平に接することのよさに気付いていた。

公平さに関わる課題について話し合う中で，道徳的な判断を支える思いをさまざまな視点から考え，発表した。

対象学年
小学4年生

内容項目：C-13 勤労，公共の精神

主題名
13 みんなのために働く

教材 点字メニューにちょうせん

授業のねらい

　本時のねらいは，身近な集団の一員として自分にできることを考え，働くことの喜びや達成感，充実感に気付き，みんなのために進んで働こうとする意欲を育むことである。

　一人一人が働くことのよさや大切さを知ることにより，みんなのために働こうとする意欲をもち，社会に対する奉仕や公共の役に立つ喜びを味わうことができる。中学年では，自分の役割を果たし，力を合わせて仕事をすることの大切さを理解できるようにするとともに，進んで働こうとする態度を育てる必要がある。この教材を通して，身近な集団の一員として自分にできることを考え，働くことの喜びや達成感，集団のために働くことで得られる充実感を感じられるようにし，みんなのために進んで働こうとする意欲を育みたい。

授業づくりのポイント

準備するもの
・小型の点字盤
・発問の場面が想起できる挿絵（児童に見える大きさ）

　導入では，身近な集団のために働いた経験を想起することで，ねらいとする道徳的価値へ方向付けを図る。展開では，主人公に自我関与させて，みんなのために働くことについて考えていく。終末では，ボランティア活動を通して感じた，働くことのよさや難しさについての説話を行った上で，本時の学習を振り返り，進んでみんなのために働こうとする意欲を高めることができるようにする。

本教材の評価のポイント

①児童の学習に関わる自己評価
・中心発問によって，みんなのために働く気持ちを支える喜びや達成感，集団がよりよくなることで感じる充実感を多面的・多角的に考えることができたか。
・みんなのために働くことの大切さを自分自身との関わりで考えることができたか。

②教師のための授業の振り返りの評価
・中心発問と補助発問によって，児童は働くことについて多面的・多角的に考え，ねらいに迫ることができていたか。
・みんなのために働くことの大切さを自分自身との関わりで考えさせるために，「道徳ノート」への記入や挿絵の提示は有効だったか。

実践例

挙手・発言
問題に気付き，意欲をもって参加しようとしている

挙手・発言
初めての点字に取り組むのり子の気持ちを考えている

道徳ノート・発表
みんなのために進んで働くことの大切さを，多面的・多角的に考えている

道徳ノート・発表
この時間で気付いたことや，これから頑張りたいことを振り返り，自分の生き方について考えを深めている

	学習活動	発問と予想される児童の反応	指導上の留意点
導入	①問題を把握する ・自分の仕事について考える	家や学校などでの自分の仕事にはどのようなものがありますか？ ・教室の掃除をする ・黒板を消す ・洗濯物を畳む 自分の仕事を進んですることができていますか？ ・できている ・あまりできていない	・自分の仕事を想起することで，本時の課題意識を高めることができるようにする ・自分の仕事を進んでできていないことがあることを確認し，「仕事を進んでするために大切な気持ちについて考えよう」とめあてを設定することで，主体的に学習に参加できるようにする
展開	②教材を読んで話し合う ③点字メニューを作る時ののり子の気持ちについて考える ・最初に数名が発表する ・「道徳ノート」に考えを書く ・考えをグループで交流する ・全体で発表する ④点字メニューが完成した時ののり子の気持ちを考える	目の不自由なお客さんにメニューを読んであげてとお母さんに言われた時，のり子はどんな気持ちだったでしょうか？ ・私にできるかな ・お母さんに頼まれたからやってみよう ・お客さんのために頑張ろう **手首が痛くなっても点字メニューを作り続けた時，のり子はどんなことを考えていたでしょうか？** ・こんなに手首が痛いのならやめたいな ・点字メニューを作るのは大変だ ・目の不自由な人のために頑張りたい ・お父さんから任された仕事だから頑張りたい ・誰でも使えるメニューを作りたい ・家族もお客さんも助けることができる 完成した点字メニューをそっとなでているのり子は，どんな気持ちでしょうか？ ・頑張ってよかった ・小林さんにも家族にも褒められてうれしい ・お客さんが喜んでくれたらいいな	・教材を読む前に登場人物や点字について確認する ・仕事を任された時の不安感や意欲をのり子に共感して考えることができるようにする ・点字メニューを作り続けたのり子の気持ちを「道徳ノート」に書いたり，グループで話し合ったりすることで，働くことの価値理解や他者理解を深めることができるようにする ・中心発問で多様な意見が出た後で，「なぜ，手首に痛みがあっても点字メニューを作り続けることができたのか？」と問うことで，働くことで感じる喜びや充実感に気付くことができるようにする ・任された仕事をやり遂げることができた達成感をのり子に共感して考えることができるようにする
終末	⑤この時間で気付いたこと，これからの自分の生活にどう生かすのかをまとめる	今日の学習を通して，大切だと思ったことや友達から学んだこと，これから頑張りたいことを振り返りましょう。 ・働くことで周りの人が喜び，自分もやってよかったと思うから大切だ ・みんなの意見を聞いて，みんなのために働くことで，自分もみんなもうれしくなると思った ・これからは，みんなのために進んで働きたい	・視点を提示して本時の学習を振り返ることで，学習内容を自分との関わりでより深く考え，今後の発展につなぐことができるようにする

C-13 勤労，公共の精神

働くことの大切さを知り，進んでみんなのために働くこと。

評価のためのキーワード
①身の回りの生活
②集団生活の向上
③仕事を見つける
④みんなのために進んで働く

中学年では，身の回りの生活の中で，みんなのために進んで働くことで集団生活が向上することの喜びや達成感，充実感に気付かせたいですね。

道徳ノートの評価文例

👍 働くときに感じるうれしさだけではなく，みんなのために働くことで感じるじゅう実感にも気付きましたね。

📢 みんなのためにそうじができたことを思い出し，これからもがんばっていこうと気持ちを高めていますね。

通知表 NG文例

● これからは進んで人のために働きたいと「道徳ノート」に書き，働くことへの意欲を高めました。

　なぜ❓NG：授業において内面的資質である道徳的実践意欲が育ったかは，容易に判断できないから。

● 自分の考えをたくさん発表するようになりました。

　なぜ❓NG：道徳的価値について，自分との関わりで多面的・多角的に考えたかどうかを見取っていないから。

通知表の評価文例

教材の登場人物を自分に置き換えて考えるようになってきました。特に教材「点字メニューにちょうせん」の学習では，進んで働く登場人物の気持ちについて話し合う中で，周りの人が喜ぶから働くことは大切だと発表しました。

これまでの自分を振り返り，行動や考えを見直していました。特に教材「点字メニューにちょうせん」の学習では，働くことについて自分の経験を振り返り，地域の清掃活動に参加して感じた働くことの喜びを発表しました。

自分と違う立場や考え方を理解しようとしていました。特に教材「点字メニューにちょうせん」の学習では，進んで働くことの大切さについて考える中で，働く意味について自分にはない考え方や感じ方を積極的に「道徳ノート」に書き込み，考えを広げました。

指導要録の評価文例

進んで働く登場人物の心情を自分と重ね合わせて考え，新たに気付いたことを発表した。

勤労に関わる課題を話し合う中で，自分の考えと友達の考えを比べて気付いたことをまとめていた。

71

対象学年
小学4年生

内容項目：C-14　家族愛，家庭生活の充実

主題名

14 家族のみんなで協力し合って

教材　お母さんのせいきゅう書

 授業のねらい

「家族が協力し合うために大切なことは何であるのかを，自らも家族の一員であるという自覚を持って考えることを通じて，家族との生活をよりよいものにしようとする意欲や態度を養う」とねらいを設定する。

本教材は，しばしば自明視してしまいがちな，家族が自分に向けてくれる優しさや愛情について，あるいは自らが家族に向ける優しさや愛情について，読者に再考を促すものである。なお，家族の一員であるという自覚，自らが家族の誰かから大切にされているという安心感，家族に感謝されるような行いが自分にもできるという自信は，家族との生活をよりよいものにしようとする児童の意欲や態度を支えてくれる。この点も意識しつつ，授業のねらいに迫りたい。ただし，家族からの愛情を実感し難い状況にある児童の存在には留意し，児童が授業の際に苦しい思いをすることのないように配慮したい。

 授業づくりのポイント　

準備するもの：登場人物や「請求書」のイラスト

お母さんの優しさや愛情に気付き，家族の一員として家族と協力し合うような，よりよい自分であろうとするたかしさんの思いに迫りたい。それにより児童が，たかしさんの思いも参考にしつつ，これまでの自分を振り返るなどして，家族との生活をよりよいものにするための思考を自分事として深めることができるよう支援したい。

 本教材の評価のポイント

①児童の学習に関わる自己評価

・お母さんやたかしさんの思いを，友達の意見も聞きながら考えることができたか。
・家族が協力し合うために大切なことについて，自分なりに考えを深めることができたか。

②教師のための授業の振り返りの評価

・児童が，お母さんの優しい思いや，家族の一員としてよりよい自分であろうとするたかしさんの思いに迫ることができたか。
・児童が，家族が協力し合うために大切なことについて，これまでの自分を振り返るなどしながら，自分事として考えを深めることができたか。

実践例

左側の姿勢ラベル

発言・聞く姿勢
自分の体験を発言したり，友達の発言を興味をもって聞いている

ペアトーク・発表・聞く姿勢・考える姿勢
自分の意見を考え，友達に伝えている。友達の発言を興味をもって聞いている。お母さんの愛情や不満について考えようとしている

ペアトーク・発表・聞く姿勢・考える姿勢
自分の意見を考え，友達に伝えている。友達の発言を興味をもって聞いている。家族の一員としてよりよい自分であろうとする，たかしさんの気持ちを考えようとしている

グループトーク・発表・聞く姿勢・考える姿勢
自分の意見を考え，友達に伝えている。友達の発言を興味をもって聞いている。親身になって（自分事として），たかしさんへのアドバイスを考えようとしている

道徳ノート・考える姿勢
家族が協力し合うために自分ができることをはじめ，家族との生活をよりよくするためのアイディアを，自分なりに考えようとしている

指導案テーブル

	学習活動	発問と予想される児童の反応	指導上の留意点
導入	①ウォーミングアップと，学習課題の把握 ・家族との生活の中で自分がしていることを思い出しながら，本時の学習課題を把握する	おうちでのお手伝いなど，何か家族のためにしていることはありますか？ ・いつもお風呂掃除をしている ・遊んだ後は後片付けする ・自分のお皿は自分で洗う 今日は，家族との生活をさらに「すてき」にするためのアイディアを考えてみましょう。	・自由に言わせ，肯定的に受け止める ・明確な「お手伝い」以外の意見も肯定的に受け止める
展開	②教材を読む ・登場人物や請求書のイラストを用いながら読み聞かせる ③お母さんの思いから，考えを深める ・自分の意見がまとまったら状況に応じてペアトークを行い，発表する	たかしさんが書いた請求書を見て，お母さんはどんなことを考えたでしょうか？ ・お金をあげないと手伝ってくれないのかな ・私はいろいろしてあげているのに，感謝くらいして ・なんだか悲しい お母さんは，なぜ，請求書を0円にしたのでしょう？ ・家族からお金をとるのは変だから ・たかしさんのためにできることはしてあげたい ・たかしさんに反省してほしかった	・全文を通読する ・たかしさんが書いた請求書の金額を確認した上で発問するとよい ・お母さんの不満に寄り添おうとする意見も，肯定的に受け止める ・お母さんが書いた請求書の金額を確認した上で発問するとよい ・お母さんの家族に対する優しさや愛情にも触れることができるとよい
展開	④「お母さんの請求書」を見たたかしさんの思いから，考えを深める ・自分の意見がまとまったらペアトークを行い，発表する	お母さんの請求書を見て，たかしさんはどんなことを考えたでしょうか？ ・お母さんはいろいろしてくれているのに，自分だけお金を欲しがったのは恥ずかしい ・僕もお母さんにいろいろしてあげたいな ・ありがとうの気持ちと言葉を忘れていた	・家族の一員として，よりよい自分であろうとする，たかしさんの気持ちに迫る ・児童にとって他人事にならないよう，「ありがとうを忘れたこと，みんなはないかな？」「一度も？」のように揺さぶってもよい ・児童がたかしさんの気持ちの変化を自分事として受け止め，より自我関与しやすくするために発問する
展開	⑤たかしさんにアドバイスしながら，考えをより深める ・自分の意見がまとまったらグループトークを行い，発表する	たかしさんは，この後，どうしたらよいでしょうか？　たかしさんにアドバイスをしてあげましょう。 ・お母さんに謝ってお金を返す ・いつもありがとうと伝えて，お金をもらわなくてもお手伝いなどできることをする ・大事にされたぶん，大事にし返す	・グループトークを重視し，発表の時間を短くしてもよい
終末	⑥家族との生活をさらに「すてき」にするためのアイディアを自分なりに考える	家族との生活をさらに「すてき」にするための，あなたのアイディアを「道徳ノート」に書きましょう。	・家族からの愛情を実感しにくい状況にある児童が，家族に対する自分の要望のみを書いた場合も，否定的に受け止めることのないように留意する

73

C-14 家族愛，家庭生活の充実

父母，祖父母を敬愛し，家族みんなで協力し合って楽しい家庭をつくること。

評価のためのキーワード
①自分も家族の一員であるという自覚
②家族のみんなが協力し合うために大切なこと
③家族との生活をよりよいものにするために考える
④自分事として考える

家族のことはときに自明視してしまい，軽く扱ってしまいがちです。機会をとらえて，教師も深く考えてみたいですね。家族の形はさまざまだということも忘れずに。

道徳ノートの評価文例

「ありがとうをわすれていた」。すごい発見です。「ありがとう」は自分も家族もうれしくしてくれそうです。

「自分もやれることをやる」。家族のみんなが，え顔で楽しくすごせそうな，すてきな気付きですね。

通知表 NG 文例

●家族で協力し合うことの大切さを理解しました。おうちでのお手伝いも進んでできているようです。

なぜ？NG：家庭内の児童の様子は評価できないから。

●教材「お母さんのせいきゅう書」の学習によって，家族で協力し合おうとする気持ちが生まれました。

なぜ？NG：道徳科の授業によって生まれた気持ちであるとは限らないから。

通知表の評価文例

友達の意見を聞いて自分の考えを深め，その考えを友達に伝えることがますます上手になっています。教材「お母さんのせいきゅう書」の授業では，「家族で助け合うのが大切だと私も思うが，簡単なことではないから頑張りたい」と発言し，クラスみんなの考えを深めてくれました。

友達と一緒に考え，ともに成長しようという意欲にいつもあふれています。教材「お母さんのせいきゅう書」の授業でも，「家族にありがとうを言い忘れることがある」という友達の意見にうなずき，「自分も同じだからこれから頑張ろう」と声を掛けていました。

教材の登場人物に自分を重ねて考えを深めながら，自分自身の成長を励ますことができます。例えば，教材「お母さんのせいきゅう書」の授業で「たかしさんのように家族への態度を見直してみたい」と書くなど，よりよい自分に成長しようとする意欲を強く感じます。

指導要録の評価文例

教材の登場人物に自分を重ねて考えを深める姿勢が目立つ。「家族愛」がテーマの授業では自分の生活を振り返り，主人公の反省は他人事ではないと記述していた。

物事を多面的・多角的に思考する力が授業ごとに伸びている。「実は身近な人への感謝こそ忘れがちではないか」という発言はその一例である。

対象学年 小学3年生

内容項目：C－15 よりよい学校生活，集団生活の充実

主題名

15 楽しい学級をつくる

教材 しょうたの手紙

授業のねらい

「みんなが仲良く協力し合うことのできるような，明るく楽しい学級をつくるためにはどうしたらよいのかを考え，そのような学級をつくろうとする意欲や態度を育てる」とねらいを設定する。

本教材には，学級の中で「むしをされたり，なかま外れにされたり」している「しょうた」のつらい気持ちと，「みんななかよし，楽しいクラス」という学級の目標に関する問い掛けが描かれている。しょうたの気持ちに寄り添い，しょうたの気持ちに応えるためにはどのような学級であるべきかを考えながら，友達に対する自分自身の態度や，学級の一員としての自分自身の態度を見つめ直し，よりよい学級をつくろうとする意欲や態度を育みたい。なお，小学校中学年は集団意識や学級への所属意識が高まる段階である反面，集団や学級における葛藤や問題も児童に意識されやすくなる。本時の学習を日ごろの学級経営にもつなげていきたい。

授業づくりのポイント

準備するもの ・登場人物のイラスト

主人公・しょうたのつらい気持ちに寄り添った上で，しょうたも含めたクラスのみんなが明るく楽しくなるような「みんななかよし，楽しいクラス」の姿を思い描かせたい。さらに，みんなが仲良く協力し合うことができるような明るく楽しい学級をつくるために，自分にできることが何であるのかを，具体的に考えさせたい。

本教材の評価のポイント

①児童の学習に関わる自己評価

・しょうたの気持ちを，友達の意見も聞きながら考えることができたか。
・「楽しいクラス」がどんなものであるか，考えを深めることができたか。
・「楽しいクラス」をつくるために，自分がしたいことを考えることができたか。

②教師のための授業の振り返りの評価

・児童が，しょうたの気持ちに寄り添うことができたか。
・児童が，「楽しいクラス」がどんなものであるか，自分事として考えを深めることができたか。

実践例

		学習活動	発問と予想される児童の反応	指導上の留意点
発言・聞く姿勢 自分の思いを発言したり，友達の発言を興味をもって聞いている	導入	①ウォーミングアップと，学習課題の把握 ・「楽しいクラス」について想像しながら，本時の学習課題を把握する	「楽しいクラス」とは，どんなクラスだと思いますか？ ・みんなが笑顔 ・挨拶をし合う ・遊ぶ時は思いっきり，でもけじめはつける 今日は，楽しいクラスについて，さらに考えを深めてみましょう。	・自由に発言させ，肯定的に受け止める ・児童は，教師が日ごろの学級経営で大事にしていることを発言することが多い。今後の学級経営の参考にしたい
ペアトーク・発表・ **聞く姿勢・考える姿勢** 自分の意見を考え，友達に伝えている。友達の発言を興味をもって聞いている。しょうたの気持ちを自分なりに想像している	展開	②教材を読む ・登場人物のイラストを用いながら読み聞かせる ③しょうたの気持ちに寄り添う ・自分の意見がまとまったら状況に応じてペアトークを行い，発表する	みんながまわりに来てくれた時，しょうたさんはどんな気持ちだったでしょうか？ ・うれしい ・みんなやさしいな。仲良くできそうだな ・転校してきて不安だったけど，ほっとした 無視をされたり，仲間外れにされたりして，しょうたさんはどんな気持ちだったでしょうか？ ・悲しい ・全然仲良しじゃない。楽しくない ・悪いことはしていないのに。みんな嘘つき	・全文を通読する ・イラストも活用し，転校してきたばかりの頃のクラスの様子を確認した上で発問する ・物語の展開を確認し，手紙に書かれた，しょうたの「いやなこと」が何であったのかを確認した上で発問する
グループトーク・発表・ **聞く姿勢・考える姿勢** 自分の意見を考え，友達に伝えている。友達の発言を興味をもって聞いている。「みんななかよし，楽しいクラス」について自分なりに考えている		④「みんななかよし，楽しいクラス」について考えを深める ・自分の意見がまとまったら状況に応じてグループトークかペアトークを行い，発表する	しょうたさんも楽しくなるような，「みんななかよし，楽しいクラス」にするには，どうしたらよいでしょうか？ ・しょうたさんも遊びに誘ってあげる ・仲間外れをしない ・しょうたさんだけでなく，困っている人はみんな助ける	・手紙の最後にしょうたが質問をしていたことを確認した上で，悲しそうなしょうたのイラストも活用しつつ発問する。教材中の「3年1組」のみんなにアドバイスをさせるのもよい ・児童の意見をまとめる際に，「そのクラスで楽しくするのはしょうたさんだけですか？」と確認するとよい
道徳ノート・考える姿勢 「みんななかよし，楽しいクラス」をつくるために，自分ができることを具体的に考えようとしている	終末	⑤「みんななかよし，楽しいクラス」をつくるために，自分ができることを考える	このクラスを，今よりさらに「なかよし」で「楽しいクラス」にするために，あなたがこれからしたいと思うことを，「道徳ノート」に書きましょう。	・このクラスも，みんなで力を合わせたら，さらに「なかよし」で「楽しい」クラスになるかもしれない，などの声掛けをして発問する ・クラスで楽しい思いをできていない子供の情報が寄せられることもある。今後の学級経営に生かしたい

77

C-15 よりよい学校生活，集団生活の充実

先生や学校の人々を敬愛し，みんなで協力し合って楽しい学級や学校をつくること。

評価のためのキーワード
① 「みんななかよし，楽しいクラス」とは
② 「みんななかよし，楽しいクラス」をつくるために
③ クラスの一員として考える
④ 自分にできることは何かを考える

「みんななかよし，楽しいクラス」とはどんなクラスでしょう。自分に何ができるか，みんなの笑顔のために，児童も教師も考えてみたいですね。

道徳ノートの評価文例

👍 「いやな気もちになったら先生に言う」。ぜひ言ってください。いっしょに楽しいクラスをつくりましょう。

📣 「これからは友だちがいやがることはしない」。みんながえ顔になれそうですね。先生もおうえんしています。

通知表 NG文例

● 教材「しょうたの手紙」の授業で，友達への嫌がらせはもうしないと書き，実際の行動も変わりました。

なぜ？NG：児童や家庭への配慮が不足。マイナスの情報しか伝わらない可能性があるから。

● 教材「しょうたの手紙」の授業によって，友達の気持ちを考え行動することができるようになりました。

なぜ？NG：道徳の授業に児童の変化の理由を帰すべきでない。

通知表の評価文例

教材の登場人物にいつも優しい思いで寄り添いながら,自分の考えを深めることができます。例えば,教材「しょうたの手紙」の授業では,「クラスでつらい思いをしている人がいると,自分もつらくなる」と,クラスの考えを深める発言をしてくれました。

友達と一緒に考えを深める力をますます伸ばしています。例えば,教材「しょうたの手紙」の授業では,友達の意見にうなずきながら「楽しいクラスを一緒につくろう」と声を掛けていました。友達と一緒によりよい自分になろうとする姿勢は,クラスのお手本です。

学習を重ねながら,物事をいろいろな角度から考えることが,さらに得意になってきました。例えば,教材「しょうたの手紙」の授業での「クラスメイトを助けるのは,自分のためにもなるのではないか」という発言には,クラスのみんながはっとしました。

指導要録の評価文例

他者の思いに寄り添いながら考える力に磨きがかかっている。「集団生活の充実」を考える授業で書いた「クラスの誰かがつらいと自分もつらい」はその一例。

物事を多面的・多角的に考える力がさらに伸びている。「よりよい学校生活」を考える授業での「気付かないうちに誰かに嫌な思いをしてほしくない」という意見は特に印象的。

対象学年 小学4年生
内容項目：C-16 伝統と文化の尊重，国や郷土を愛する態度
主題名

16 ふるさとを思う

教材 ふるさとを守った大イチョウ

 ## 授業のねらい

　郷土の伝統や文化を尊重することは，中学年段階のさまざまな学習場面で取り上げられており，児童の間でも「ふるさと」の大切さといったことに関しては一定の共通理解が形成されていることが推測される。しかしながら，なぜ郷土の伝統や文化を尊重するのかということ自体について，改めて考えてみる機会を設けることには依然として重要な意味があると考えられる。「なぜ」という問いかけに対し，「昔からこの地域にあるものだから」「他の地域にはないものだから」「この地域の人たちが大切にしてきたものだから」「未来に伝えていきたいから」といった一般的な理由が聞かれることが多い。もちろんそれはそれで否定されるべきではないが，一方で，「いったいどのような経緯で，それらの伝統や文化が大切にされてきたのか」「どのような意味や価値において，未来に伝えていきたいと思うのか」といった根源的な討議を行うことは，よりよい人生や社会の在り方を探求する「道徳科」ならではの特質をもった時間となると考えられる。

 ## 授業づくりのポイント

準備するもの ・戦後の焼け野原になった東京の様子を示す写真等

　教材で取り上げられている大イチョウは，何も知らない者の目には単なるイチョウの木にしか映らないかもしれない。しかし「ふるさと」の物語を知ることで，大イチョウの傷跡の一つ一つが，かけがえのない意味をもつことに気付く。伝統や文化に触れることで広がる人生の豊かさを共に考えさせたい。

 ## 本教材の評価のポイント

①児童の学習に関わる自己評価

　・「ふるさと」とは自分にとってどのような場所か，考えを深めることができたか。

　・さまざまな人たちの「ふるさと」への思いに考えを広げることができたか。

②教師のための授業の振り返りの評価

　・教材の背景と，児童の生きてきた経緯に寄り添いつつ，「ふるさと」について一緒に考えることができたか。

　・「ふるさと」をめぐる社会的・歴史的事象に，どの程度考えを広げることができたか。

実践例

連想

その子なりに「ふるさと」についての連想を膨らませつつ，他者の意見に耳を傾けている

受容・応答

本文から受け止めた世界を契機として，さまざまな思いを巡らせている

探索

日々の生活の中で，うまくいかないこと，疲れてしまったこと，傷付いたこと，すさんだ気持ちになってしまったこと等に関して，あたかも「地上のみきはやけこげていても，地下の根が生きのこっていた」ことに気付き，その根から滋養を汲み上げるがごとく，もう一度やり直すこと，立ち直ること，生まれ変わった気持ちで向き合い直すこと，といったことを可能にするような，自分の命の根の張られている「ふるさと」を，本文を巡る議論を通して探っている

気付き

「ふるさと」にどんな意味や価値を見いだしたか

道徳ノート

「ふるさと」と自分の生活・人生・生命との関わりを考えることにおいて，その子なりの取り組みが見受けられる

	学習活動	発問と予想される児童の反応	指導上の留意点
導入	①テーマについて思いを馳せる ・「ふるさと」について連想を膨らませる	「ふるさと」って何だろう？ ・自分のおうちの周り ・おばあちゃんのおうちのある田舎 ・テレビで見た山の村の景色 「ふるさと」ってよく聞く言葉ですが，どんなものか人それぞれ違っています。改めて「ふるさと」とは何か考えてみましょう。	・ふるさとについて自由に思いつくことを語り合う
展開	②教材を読んで話し合う ・戦後の焼け野原になった東京の様子等，写真で示す	「きぼうをうしないかけていた人々」が，「黒こげの大イチョウから，緑の芽が出て」きたのを見て「よろこんだ」と書いてありますが，それはどのような喜びなのでしょうか？ ・黒焦げだった大イチョウから緑の芽がでてきた様子が，とても美しかったから ・戦争で焼けてしまう前の大イチョウの様子を思い出し，やはり戦争で焼けてしまう前の町の様子を思い出すことができたから	・全文を通読する ・本文から次のような事項を読み取ることが可能かもしれない ・大イチョウが，単なる銀杏の木一般ではなく，戦争中も自分たちの町や命を，幹を焦がしてまで守ってくれた，自分たちにとってかけがえのない大イチョウであったという，独特の経緯（いきさつ，縁，歴史）がある
	③大イチョウの再生と，町の復興との重なりを考える ・状況に応じて，グループや全体での話し合い	なぜ「大イチョウのふっかつ」は，「やけ野原になっていた自分たちの町を，もう一度立て直す気持ち」を呼び起こしたのでしょうか？ ・戦争に負け，もう自分の生活も，自分たちの町も，元のようには戻らないと嘆いている間，大イチョウは何も言わず，少しずつ自分を立て直そうとしていた ・大イチョウが「黒くこげた部分を新しい皮でつつんで」育っているように，自分たちも焼け野原になっていた町を新しく立て直すことができるはず ・戦争中，火災から町を守ってくれた大イチョウが，今度は「こんなふうに立ち直ったらいいんだよ」と教えてくれている	・単なる出生地，出身地，居住地が，自分にとってかけがえのない「ふるさと」になるには，こうした独特の経緯を必要とすると考えられる ・ときにそうしたいきさつには，喜びや感謝の記憶ばかりではなく，受苦や屈辱や悔恨といったことも含まれるであろう ・そうした複雑な思いも含めて，あたかも大イチョウが「きず口を手当するかのように」「黒くこげた部分を新しい皮」で包むかのように，自分がいきいきと自分らしい人生を構築する過程において，自分なりの「ふるさと」との関係性を創造することが，児童らの長い将来にとって重要な課題となると考えられる
	④授業を振り返り，「ふるさと」が自分の人生や生活にとってどのような意味をもっているのかを考える ・互いの声を受け止め合い，考えを交流させる	私たちにとって「ふるさと」とは，どのようなものでしょうか？ ・自分が生まれ，育ち，暮らしている場所 ・命や，命のつながりを感じられる場所 ・自分が苦しい時に，もう一度立ち上がる力を与えてくれる場所 ・自分を守ってくれる場所，自分が守っていきたい場所	
終末	⑤テーマについて，自分なりの思いを表現する。あるいは表現につなげる	「ふるさと」について考えたことを，「道徳ノート」に書いてみましょう。	・自分にとっての「ふるさと」の大切さに気付くことが，他者にとっての「ふるさと」を尊重する気持ちにつながるなら素晴らしい

81

C-16 伝統と文化の尊重，国や郷土を愛する態度

我が国や郷土の伝統と文化を大切にし，国や郷土を愛する心をもつこと。

評価のためのキーワード
① 伝統や文化への関心
② 国や郷土との関わりへの洞察
③ 「ふるさと」をめぐる社会的事象への理解
④ 伝統・文化・国・郷土といった事項への考察

「国」とは近代国家という意味だけでなく，「越後国」のように，自分の生まれ育った地域という意味もあります。先人たちは地域とどのように生きたのでしょうか。

道徳ノートの評価文例

👍 自分やお父さん，お母さん，おじいさん，おばあさんの育ったふるさとを大切に思う気持ちが伝わってきました。

📣 きずついた大イチョウから新しい芽が出てくるように，自分も負けずにがんばりたいという気持ち，おうえんしています。

通知表 NG 文例

● 「伝統と文化の尊重，国や郷土を愛する態度」の授業に真面目に取り組んでいました。

なぜ❓NG：学校生活の様子を記述しているから（本来「行動の記録」で記述するような内容になっている）。

● 「伝統と文化の尊重，国や郷土を愛する態度」の授業では素直な一面が見られました。

なぜ❓NG：子どもの性格等を記述しているから。

通知表の評価文例

教材「ふるさとを守った大イチョウ」では，「ふるさと」について多様な連想を膨らませて発言していました。「ふるさと」という言葉には，単に自分が住んでいる場所という意味を超え，家族の命が守られている場所であるという気付きが感じられました。

教材「ふるさとを守った大イチョウ」では，ひいおじいさんが戦火をくぐり抜けたことや，戦後の食料不足の中でもひいおばあさんが食事をやりくりしたことに言及していました。ふるさとで命をつないできた世代への敬意を忘れない様子が伝わってきました。

教材「ふるさとを守った大イチョウ」では，お母さんの出身地である福島に思いを寄せている様子が「道徳ノート」の記述から伝わってきました。お母さんが誇りに思っているふるさとの海で，安心して泳いだり魚をとったりできる日を願っているとのことでした。

指導要録の評価文例

「伝統と文化の尊重，国や郷土を愛する態度」の授業では，自分と郷土のつながりという社会的文脈から身近な事柄への洞察を深めた。

「伝統と文化の尊重，国や郷土を愛する態度」の授業では，郷土と文化の関連について自分事として受け止め，考えを深めた。

対象学年	内容項目：C − 17　国際理解，国際親善
小学3年生	主題名

17 外国の人々と心をつないで

教材 三つの国

授業のねらい

　グローバル化が進展する中，国際理解と国際親善は重要な課題となっている。他国の人々や文化に対する理解とこれらを尊重する態度を養うようにすることが求められる。それぞれの国には独自の伝統と文化があり，人々は自分たちの伝統と文化に誇りをもって大切にしている。

　児童は，これまでの学習や学校および地域の行事を通して，他国の人々と交流した経験をもっていたり，メディア等により生活全般においてさまざまな国々と関わりをもっていることに気付いている。この時期においては，自国と他国の伝統や文化に親しみ，共通点や相違点に目を向け，それぞれのよさを感じ取らせて，関心や理解を深めさせることが大切である。

　本教材の主人公「わたし」の生活には，「カメルーン，日本，アメリカ」の三つの国の文化や習慣が存在している。それぞれの国の文化や習慣が違うことに戸惑い，同じところがあることに面白さを感じている。両親の母国が対戦したサッカーの試合を観て「どちらも，がんばれ！」と応援した主人公の思いを通して，他国の文化に関心をもって親しもうとする態度を育てたい。

授業づくりのポイント

　日ごろから世界の国々について知る機会をつくり，他国とのつながりを直接的に感じられるような環境づくりを行っておきたい。終末段階では，学習の振り返りを行うとともに，これからの自分について考えさせたい。

本教材の評価のポイント

①児童の学習に関わる自己評価

- 主人公「わたし」になって，気持ちを考えることができたか。
- これまでの生活の中から日本と外国の違いや同じところを見つけて，さらに今後，手をつなぐためには，どのようにしていきたいかを考えて「道徳ノート」に書くことができたか。

②教師のための授業の振り返りの評価

- 発問や板書構成等を通して，主人公に深く自我関与させることができたか。
- 主人公の思いを通して，国際理解・国際親善についての見方・考え方を深めさせることができたか。

実践例

挙手・発言
自分の体験を発言し、友達の発言にも興味をもって聞いている

挙手・発言
「わたし」を自分に置き換えて考えている

道徳ノート・挙手・発言
どちらの国も応援する気持ちを多面的・多角的に考えている

挙手・発言
すてきなことを見つけていきたいという気持ちに共感している

道徳ノート・挙手・発言
自分の生活を振り返り、外国の人々との出会いや経験について考えている

振り返り
今日の学習を振り返り、これからの自分に目を向けている

	学習活動	発問と予想される児童の反応	指導上の留意点
導入	①問題を把握する ・外国のことについて知っていることを発表し、本時学習について話し合う	日本以外にどんな国がありますか？ その国について、どんなことを知っていますか？ ・アメリカです。英語で話します ・オーストラリアです。カンガルーがいます 今日は外国の人々と心をつなぐことについて、考えることにしましょう。	・できるだけ多くの国について発表させる ・本時の学習課題を把握させる
展開	②教材を読んで「わたし」の気持ちについて話し合う ・教師の範読を聞く	三つの国が家の中にあって、よく分からなくなってしまう時、「わたし」は、どんな気持ちになるのでしょうか？	・範読し、「わたし」の気持ち・場面の展開を共感的に捉えさせる
	・三つの国が家の中にあって、困ることが起きて、どうしたらよいか分からなくなってしまう「わたし」の気持ちを考える	・日本で育ったお母さんと、カメルーンで育ったお父さんの言うことが違うからどうしよう ・言うことが違うのには、訳がありそうだな ・どちらにしたらいいのかな	・困ることばかりではないことについては、教師が話をする
	・「どっちも、がんばれ！」と応援した「わたし」の気持ちを考える	日本とカメルーンの試合を観ていて「どっちも、がんばれ！」と応援した「わたし」は、どんなことを考えていたのでしょうか？	
	・「道徳ノート」に書いて、発表する	・日本、がんばれ。お母さんも応援しているよ ・カメルーン、がんばれ。お父さんも応援しているよ ・わたしはどちらを応援しようか ・日本はお母さんが育った国、カメルーンはお父さんが育った国だから、どちらも応援するよ ・お父さんもお母さんも大好きだから、どちらも応援するよ	・「道徳ノート」に「わたし」の気持ちを書かせて、発表させる ・発言の理由を質問するなどして、どちらも応援する気持ちの背景には、お父さん・お母さんへの思いがあることにも気付かせていく
	・これからも三つの国のすてきなことを見つけていきたいと思う「わたし」の気持ちを考える	「わたし」がこれからも三つの国のすてきなことを見つけていきたいと思うのは、どんな考えからでしょうか？ ・三つの国で違うところや同じところをもっとたくさん見つけたい ・どんなすてきなことがあるのだろう ・お父さんやお母さんが、どんなふうに大きくなってきたのか分かるよ ・すてきなことが見つかると、三つの国のことがもっと好きになるよ	
	③自分の経験を振り返る ・「道徳ノート」に書いて、発表する	外国のことで「日本と違うな」「日本と同じだな」と思ったことがありますか？ ・アメリカの人は英語を話すけど、洋服や食べ物は日本と同じだ ・中国の人は言葉は中国語だけど、漢字を使っている ・近所に住んでいるイギリスの家族は、みんな髪の色や目の色が違って英語を話すけど、優しい心は同じだと思ったことがあるよ	・これまでの学習や、学校や地域での外国の人々との交流などの体験を思い出すように投げ掛ける
終末	④今日の学習を振り返り、今後の生活への意欲をもつ	今日の学習で気付いたこととこれからの自分について「道徳ノート」に書きましょう。	・これから外国の人々との出会いや心の交流を思い描くように働き掛ける

85

C-17 国際理解，国際親善

他国の人々や文化に親しみ，関心をもつこと。

評価のためのキーワード
①さまざまな国との関わりに気付く
②自国と他の国の習慣や文化との共通点・相違点に気付く
③他の国の人々や文化に関心をもち，理解を深める
④他の国の人々と心をつなぐ

他国の人々や文化に触れ，共に行動する機会はますます増えていきます。国際理解と親善の心を育むことが大切ですね。

道徳ノートの評価文例

👍 「わたし」が「どっちも，がんばれ！」とおうえんしたのは，お父さんとお母さんの大すきなところが，こんなにたくさんあるからなのですね。

📣 なかよしの外国の友だちともっといっしょに遊びたいと思ったのですね。おたがいにたくさんのことをおしえあって，もっとなかよくなってくださいね。

通知表 NG文例

● 国際理解・国際親善に関する学習では，外国の人々と心をつなぎたいという心情が育ってきました。

なぜ？NG：学習状況や道徳性に係る成長の様子の記述になっていないから。

●「外国の人々と心をつないで」の学習を通して国際理解が深まりました。

なぜ？NG：学習活動に着目した評価になっていないから。

通知表の評価文例

教材「三つの国」の学習では，父と母の両方の国を応援する主人公の気持ちを深々考えることを通して，外国の文化や習慣を理解していくことが大切であることに気付きました。さらに，互いに理解し合うことは，心をつなぐことだと考えを広げることができました。

教材「三つの国」の学習では，父と母の両方の国を応援する主人公の気持ちを，自分自身の父母への思いと重ねて考え，堂々と発表することができました。友達の考えを自分の考えと比べて，うなずきながら聞くなど，共感的な姿も見られました。

教材「三つの国」の学習では，主人公を自分に置き換えて考えを深め，外国の人々や文化を理解し，親しむことの大切さについて考えを深めていきました。さらに，外国の友達との関わりについて，これまでの自分をよく振り返り，これからもっと積極的に一緒に活動していきたいと発表することができていました。

指導要録の評価文例

「国際理解・国際親善」の学習など，道徳的価値について，友達と話し合う中で，自分と違う立場や考え方を理解し，多面的・多角的に考えられるようになってきた。

「国際理解・国際親善」の学習など，教材を通して深く考えることを通して，これまでの自らの行動や考えを見つめ，今後の生活に生かしていこうと意欲をもつことができていた。

対象学年 小学4年生

内容項目：D-18 生命の尊さ

主題名

18 大切な命

教材 走れ江ノ電　光の中へ

授業のねらい

「命の尊さについて考えを深め，命を大切にしようとする態度を育てる」とねらいを設定する。

実話に基づく本教材には，お母さんと同じ心臓病を患いながらも，夢をもち懸命に生きようとしたとも君の姿や，とも君の存在のすべてを肯定しようとしたお父さんの姿，とも君の願いを実現しようとした周囲の人々の姿が描かれている。とも君とお父さんの姿や思いに触れることで，命の尊さについて理解を深め，命を大切にしようとする態度を育みたい。

なお，この段階の児童は死を現実的なものとして想像できるようになるがゆえに，生のかけがえのなさについても思考することが可能になる。本時の学習や日々の関わりの中で，まず何よりも自らの命のかけがえのなさを実感させたい。

授業づくりのポイント

準備するもの
- 登場人物のイラスト
- 「D51」や「タンコロ」の写真

とも君に生きて欲しいと強く願うお父さんの思いや，懸命に生きようとするとも君の思いに共感した上で，「とも君は，とも君のままでいい」というお父さんの言葉の意味を考えさせ，命の尊さについての理解を深めさせたい。授業の終末部分では，まずは自らの命のかけがえのなさ，大切さについて考えを深めさせたい。

本教材の評価のポイント

①児童の学習に関わる自己評価

- お父さんの思いや，とも君の思いを，友達の意見も聞きながら考えることができたか。
- 命の大切さについて，考えを深めることができたか。

②教師のための授業の振り返りの評価

- 児童がお父さんの思いや，とも君の思いに寄り添うことができたか。
- 児童が自らの命の大切さについて，考えを深めることができたか。

実践例

		学習活動	発問と予想される児童の反応	指導上の留意点
導入		①ウォーミングアップと，学習課題の把握 ・命に意識を向け，本時の学習課題を把握する	自分には命があるんだ，生きているんだ，と感じたことはありますか？ ・おいしいものを食べた時 ・生きていて当たり前だし，ない ・ケガをして血が出た時 今日は，命の大切さについて，考えを深めてみましょう。	・自由に発言させ，肯定的に受け止める ・「ない」という意見も含め，すべての意見を，考える材料を与えてくれる素晴らしい意見として受け止める
展開		②教材を読む ・登場人物のイラストや，「D51」や「タンコロ」の写真を用いながら読み聞かせる ③お父さんの思いに寄り添い，考える ・自分の意見がまとまったら状況に応じてペアトークを行い，発表する ④とも君の思いに寄り添い，考える ・自分の意見がまとまったら状況に応じてペアトークを行い，発表する ⑤お父さんの思いに寄り添いながら，命の大切さについて考えを深める ・自分の意見がまとまったらグループトークを行い，発表する	とも君にもお母さんと同じ病気があると分かって，お父さんはどんなことを考えたでしょうか？ ・心配だな。よくなるといいな ・少しでも長く生きてほしい ・お母さんの分も長生きして 中学生になって，病気が重くなり入院したとも君は，どんなことを考えたでしょうか？ ・どうなるのだろう，こわい ・お母さんのためにも長生きしたい ・江ノ電に乗りたいな 「とも君は，とも君のままでいい」と言った時，お父さんはどんなことを思っていたでしょうか？ ・何もできなくても，いてくれるだけでうれしいよ ・お父さんもみんなも，とも君が好きだよ ・命を大事にできたとも君は，とってもえらい	・「お父さんもうれしそうです」まで読む ・とも君の命を大切に思うお父さんの気持ちを感じられるようにしたい ・最後まで読む ・病気の中でも，夢をもち，頑張って生きようとするとも君の気持ちに共感できるようにしたい ・イラストも活用し，物語を確認した上で発問する ・中心発問にはじっくり時間をかけたい ・命はただそれだけで素晴らしく，かけがえがない，ということに気付くことができるとよい
終末		⑥命の大切さについて，自分の考えを深める	あなたの命はなぜ大切なのでしょう。あなたの考えを「道徳ノート」に書いてください。	・「みんなにも命がある。その命を絶対に大切にして欲しい」という教師の思いを伝えて発問する ・自分の手や友達の手に手を合わせて，命の温かさを感じさせてから考えさせるのもよい

発言・聞く姿勢
自分の思いを発言したり，友達の発言を興味をもって聞いている

ペアトーク・発表・聞く姿勢・考える姿勢
自分の意見を考え，友達に伝えている。友達の発言を興味をもって聞いている。お父さんの思いを自分なりに考えている

ペアトーク・発表・聞く姿勢・考える姿勢
自分の意見を考え，友達に伝えている。友達の発言を興味をもって聞いている。とも君の思いを自分なりに考えている

グループトーク・発表・聞く姿勢・考える姿勢
自分の意見を考え，友達に伝えている。友達の発言を興味をもって聞いている。とも君の命のかけがえのなさを肯定するお父さんの思いを，自分なりに考えている

道徳ノート・考える姿勢
命の大切さについて，自分なりに考えを深めている

89

D-18 生命の尊さ

生命の尊さを知り，生命あるものを大切にすること。

評価のためのキーワード
①生きていることは，ただそれだけでも素晴らしい
②限りある命，命のかけがえのなさ
③自らの命の大切さ
④命を大切にしてほしい，生きていて欲しいという周囲の願い

命の大切さや，命を大切にしてほしいという周囲の願いを，時に人は忘れてしまいます。大人も子供も，自他の命のかけがえのなさを見つめ直してみたいですね。

道徳ノートの評価文例

「大切にしないと悲しむ人がいる」。すごい気付きです。先生も，大切にしてほしいと心からねがっています。

「生きているだけで命は大切」。とてもすてきな気付きです。これからの生活にぜひ生かしてください。

通知表 NG 文例

● 「走れ江ノ電」の授業によって命の大切さを理解し，命を大切にしようとする態度が育ちました。

なぜ？NG：道徳の授業のみで理解や態度が育つわけではない。

● 学期の前半は自他の命を尊重しない言動が心配でしたが，「走れ江ノ電」の授業から変わってきました。

なぜ？NG：通知表で触れるよりも，家庭と連携しながらしっかり対応すべき事項だから。

通知表の評価文例

教材の登場人物や周囲の思いをしっかりと受け止め，自分の考えを深める姿勢に，ますます磨きがかかっています。教材「走れ江ノ電　光の中へ」の授業で「まわりに大切に思ってもらっているから，この命をぜったい大切にする」と書いてくれたのは，特に印象的です。

友達の意見をじっくり聞いて，友達とともに考える力がさらに伸びています。例えば，教材「走れ江ノ電　光の中へ」の授業では，友達の意見にうなずいたり，みんなの意見を補足したりしながら，「家族や友達のためにも命を粗末にしないようにする」と発言してくれました。

さまざまな角度から物事を考え直そうとする姿勢は，いつもクラスのお手本になっています。「生命の尊さ」についての授業でも，「もし誰かに大切でないと言われたとしても，それでも命は大切だ」と発言し，クラスのみんなの考えが大いに深まりました。

指導要録の評価文例

他者の思いに応えて，よりよい自分になろうとする姿勢が目立つ。「生命の尊さ」についての授業では「自分一人のものではないから，この命を大事にしたい」と書いていた。

他人の意見を肯定的に受け止める態度が日に日に育っている。特に「生命の尊さ」の学習では，自分とは異なる意見にも「確かにそれもある」と何度もうなずいていた。

対象学年 小学3年生

内容項目：D－19 **自然愛護**

主題名

19 生き物を大切に

教材 ツバメの赤ちゃん

 授業のねらい

　人々は，自然から受ける恩恵に感謝し，自然に親しむとともに動植物を愛護し，自然との調和を図りながら生活を営んできた。自然愛護とは，自然の素晴らしさや不思議さを感じ取り，自然や動植物を大切にすることである。

　児童は，これまでに動物の世話や飼育をし，植物を育てるなど，動植物と触れ合う体験を多く積んできている。そのため，この時期においては，自然や動植物を大切にする心をさらに深めていくことが期待される。身近なところから自分たちなりにできることを，動植物と自然環境との関わりの中で考え，実行しようとする意欲を高めることが大切である。

　本教材は，巣の中で親鳥がえさを運んでくるのを待っているツバメのひなを見つけた主人公が，お母さんの言葉から自らの行いを反省し，ツバメのひなによりよい関わり方をするようになるという内容である。自らの行いによって，親鳥が子育てをやめてしまったらどうしようと心配になった主人公の思いを通して，動植物を大切にしていこうとする態度を育てたい。

 授業づくりのポイント　準備するもの ・ツバメの子育ての映像

　導入では，映像を提示して，ツバメの子育ての様子を説明し，教材への導入を図る。草を投げる主人公「わたし」の動作化を通して，親鳥になったようで，ひな鳥の様子がかわいいと思う「わたし」に十分に共感させる。中心発問では，親鳥が子育てをやめてしまったらどうしようと心配して，なかなか眠れない「わたし」の気持ちを「道徳ノート」に書いて発表させる。

 本教材の評価のポイント

①児童の学習に関わる自己評価

　・主人公「わたし」になって気持ちを考えることができたか。

　・自分の生活を振り返り，生き物を大切にすることについて考えを深めることができたか。

②教師のための授業の振り返りの評価

　・発問や板書構成等を通して，主人公に深く自我関与させることができたか。

　・主人公の思いを通して，自然愛護についての見方・考え方を深めさせることができたか。

実践例

挙手・発言
自分の体験を発言し，友達の発言にも興味をもって聞いている。映像を興味をもって見ている

動作化・挙手・発言
「わたし」を自分に置き換えて考えている

道徳ノート・挙手・発言
ひな鳥と親鳥への思いを多面的・多角的に考えている

挙手・発言
ひな鳥が元気でよかったという思いを表現している

道徳ノート・挙手・発言
自分の生活を振り返り，生き物を本当に大切にすることについて考えを深めている

振り返り
今日の学習を振り返り，これからの自分を考えている

	学習活動	発問と予想される児童の反応	指導上の留意点
導入	①問題を把握する ・ツバメの子育てについて知り，本時学習について話し合う	ツバメが飛んでいるところやツバメの巣を見たことがありますか？ ツバメがひなを育てる様子を見てみましょう。 ・毎年おばあちゃんの家に巣を作るよ ・見たことないよ ・親鳥が来るとひなは鳴き声を上げて，大きな口を開けているね ・かわいいね 生き物を大切にするためには，どんな心が大切か考えていきましょう。	・ツバメを見た時のことを自由に発言させた後に，ツバメの子育ての映像を見せて説明を加える。 ・親鳥が運んでくるえさをひな鳥が待っていること，親鳥は何度もえさを運ぶこと，ひなは他の鳥などに襲われる可能性もあることなど ・本時の学習課題を把握させる
展開	②教材を読んで「わたし」の気持ちについて話し合う ・教師の範読を聞く ・ツバメの巣の方に何回も草を投げている「わたし」の気持ちを考える ・「わたし」になって，草を右へ左へと投げる動作をする ・親鳥が子育てをやめてしまったらどうしようと心配で，なかなか眠れなかった「わたし」の気持ちを考える ・「道徳ノート」に書いて，発表する ・そっと巣のそばを離れて，ひな鳥に見つからないように帰る「わたし」の気持ちを考える ③自分の生活を振り返る ・「道徳ノート」に書いて，発表する	ツバメの巣の方に，何回も草を投げている「わたし」はどんなことを思っているでしょうか？ ・右へ投げると右を向いて，左へ投げると左を向いて，かわいいな ・「わたし」がお母さんになったみたい ・また明日も会いに来たいな お母さんの言葉を聞いて，親鳥が子育てをやめてしまったらどうしようと心配して，なかなか眠れなかった「わたし」は，どんなことを考えていたのでしょうか？ ・ひな鳥が死んでしまう。どうしよう ・人間が近づいているのを見て，えさを運んで来なくなるかもしれない ・何回も草を投げていたから，親鳥が見ていたかもしれない。あんなこと，しなければよかった ・親鳥が戻って来ないと，他の鳥に襲われるかもしれない そっと巣のそばを離れて，ツバメのひなに見つからないように帰る「わたし」は，どんなことを考えているでしょうか？ ・ひな鳥の元気な声が聞こえた。よかった ・巣のそばに行きたいけれど，我慢しなければ ・もう近くで草を投げたりしないよ。これからは本当に生き物を大切にするよ 動物や植物のことを「元気に育ってほしい」「大切に育てたい」と思ったことがありますか？ ・飼育している昆虫を触り過ぎて，弱ってしまってかわいそうだったから，触り過ぎないようにしている ・ホウセンカの花の水やりを忘れて枯れそうになって反省した	・範読し，「わたし」の気持ち・場面の展開を共感的に捉えさせる ・教師がひなになって，手のひらでひなの口を表現し，児童には「わたし」になって，草を右へ左へと投げて動作化させる。ひなをかわいいと思い，親鳥になったような「わたし」の気持ちに十分共感させる ・「道徳ノート」に「わたし」の気持ちを書かせて，発表させる ・自分の行いを反省し，ひな鳥の命を心配し，親鳥の子育てが継続することを願う気持ちなど，多様な考えが出るようにする ・ひなが元気にしていてよかったという安堵感に浸らせるとともに，生き物を大切にすることについての考えを深めさせるようにする
終末	④学習を振り返り，今後の生活への意欲をもつ	今日の学習で気付いたこととこれからの自分について「道徳ノート」に書きましょう。	・今日，考えたり，気付いたりしたことを整理し，今後の生活への意欲づけとする

93

自然愛護

自然のすばらしさや不思議さを感じ取り、自然や動植物を大切にすること。

評価のためのキーワード
①自然やその中に生きる動植物に愛情やいとおしさを感じる
②自然や動植物の生命の尊さを考える
③自然や動植物の生命を大切にする
④自然や動植物によりよい接し方をしようとする意欲をもつ

動植物と自然環境との関わりを考え、自分にできることを実行しようとする態度を育てることが大事ですね。

道徳ノートの評価文例

👍 ツバメの赤ちゃんを見守ったけいけんをもとに、主人公が夜もねむれないほど心配している気持ちを深く考えていましたね。

📣 さわりすぎて弱ってしまった金魚のことを思い出して、そっと見守ることも大事なお世話だということに気がつきましたね。大切に育てていきましょうね。

通知表 NG 文例

● 「自然愛護」の学習では、自分の考えを発表し、生き物を大切にする気持ちを高めていました。

　なぜ❓NG：どのような発言や記述から気付きや学びが見られたのかが分からない。

● 「自然や動植物を大切に」の学習では、動植物を大切にしようとする道徳的心情が育ってきました。

　なぜ❓NG：道徳科の学習状況の成長が書かれていない。道徳的心情は容易に見取ることはできない。

通知表の評価文例

主人公になりきってその気持ちを考え，表情豊かに発言することができていました。教材「ツバメの赤ちゃん」の学習では，昆虫や野菜を育てたときの自分の経験を重ねて，自分の身勝手によって生き物の命を危険にさらすようなことになると考えを深めることができていました。

友達の考えをうなずきながら聞き，違いや共通点を踏まえて自分の考えを深めていくことができていました。教材「ツバメの赤ちゃん」の学習では，生き物に直接，関わることだけが生き物を大切にすることではないことに気付いていきました。

役割演技や話し合い活動に積極的に取り組んで，主人公の気持ちを多面的・多角的に捉えようとしていました。教材「ツバメの赤ちゃん」の学習では，生き物を本当に大切にすることについて深く考え，これまでの自分を振り返って「道徳ノート」に書くことができていました。

指導要録の評価文例

「自然愛護」の学習などにおいて，ねらいとする道徳的価値について，教材を通して自分事として考え，これまでの自分を見つめ直し，自分のよさを捉えることができるようになった。

「自然愛護」の学習などにおいて，自分なりの考えをもち，友達と話し合うことを通して，物事をさまざまな視点や立場から多面的・多角的に考えられるようになってきた。

対象学年 **小学4年生**

内容項目：D－20 **感動，畏敬の念**

主題名
20 美しい心

教材 花さき山

授業のねらい

　人間は本来，美しいものや気高いものから感動を求めようとする思いがある。美しいものに心を打たれる体験をすることで感情が洗練されたり，生き方について考えたりするきっかけともなる。また，気高いものへのあこがれは，自分自身を人間として向上させたいという願いにつながっていく。

　中学年では，身近な自然の美しさや心地よい音楽，芸術作品，身の回りの美しいものに加え，人の心や生き物の行動を含めた気高さに気付けるようになる。

　本教材では，主人公の美しい心に触れることができる。そこで，本教材の特質を生かし，特に人の心の美しさに焦点を当て，どうして美しいと感動するのか，どんな時に感動するのかを考えさせ，美しいものや気高いものに感動し尊重しようとする心情を育てたい。

授業づくりのポイント

準備するもの
・付箋
・付箋を類型化して貼る紙

　導入では，美しい，素晴らしいと感じたことについて，学習で感動した共通体験を紹介したり，美しいと感じる写真を提示したりしてイメージをもたせる。その中の人の心の美しさを中心に学習していくことを意識させる。

　中心発問では，「花さき山で花が咲くとき」→「人の心が美しいと思うとき」と教材から一般化し，自己の振り返りを考えやすくする。一人一人が付箋にキーワードを書き，書いたことを3，4人程度の小グループで伝え合いながら類型化し，多様な考えに触れさせる。

本教材の評価のポイント

①児童の学習に関わる自己評価

　・美しい心とはどのようなものか，人の心が美しいと感じるのはどんな時かを考えているか。
　・人の心の美しさに感動したことを具体的に振り返り，その理由を考えているか。

②教師のための授業の振り返りの評価

　・人の心の美しさについて，児童が主体的に考え，具体的に自己を振り返ることができたか。
　・ねらいを達成するために，発問や学習活動は効果的だったか。

実践例

挙手・発言・つぶやき・表情
美しい心について考えようとしている

ペアトーク・発言・つぶやき・表情
美しい，素晴らしいと感じたところを考えたり，伝え合ったりしている

挙手・発言・つぶやき・表情
あやの気持に共感して考えている。悩みや葛藤を乗り越えたり，自分より相手のことを考えたりした先に，人を感動させる，美しい心があることに気付いている

グループトーク・発言・つぶやき・表情
美しい心について多様な視点から考えている

ワークシート
挙手・発言
人の心の美しさに感動したことを具体的に振り返り，その理由も考えている

道徳ノート
めあて，教材，学び方，自己の生き方，気付き，多面的・多角的な視点など，どこを中心に考えているか

	学習活動	発問と予想される児童の反応	指導上の留意点
導入	①問題を把握する ・美しいものについて，発表し合い，本時のめあてをもつ	美しいな，素晴らしいなと感動したのはどんなことでしょうか？ ・きれいな景色を見た時 ・さなぎが蝶になった時 ・友達から優しくされた時 美しい心について考えて，自分の体験を振り返りましょう。	・体験を想起しやすいように写真などを提示する。その中に，人の心の美しさにつながる写真も入れておく ・美しいもの，気高いものの中に人の心の美しさもあることに気付かせ，本時の学習のめあてをもたせる
展開	②教材を読んで話し合う ・教材を読んで，美しいな，素晴らしいなと思ったところを，ペアで伝え合う	「花さき山」を読んで，美しいな，素晴らしいなと思ったのはどんなところですか？ ・優しいことを1つすると，花が咲くこと ・あやが自分のことより，妹のことを考えて，我慢したこと ・あやが，やまんばや花さき山を見付けられたこと	・話の世界に入りやすいように，ICT機器を活用して読み聞かせる ・一人一人に考えをもたせ，多様な考えに気付かせるために，ペアで交流する時間をつくる
	③あやの言葉の裏にある気持について話し合い，美しい心について考える	「おらはいらねえから，そよさ買ってやれ」と言った時の，あやはどんな気持ちだったでしょうか？ ・私も欲しいけど，おっかあを困らせたくない ・私が我慢すれば，そよが買ってもらえる ・そよが喜ぶなら，それでいい	・必要に応じて理由を聞きながら，美しい心に気付かせるようにする ・「自分（あや）も新しい着物が欲しいと思っていたんだね」などと児童の心を揺さぶり，簡単にできるものではないことに気付かせる
	④美しい心について，多面的・多角的に考える ・一人一人が付箋にキーワードを書く ・グループで，付箋に書いたことを伝え合い，類型化する ・全体で発表する	「あっ！今花さき山で，おらの花が咲いてるな」とあやが思うのはどんな時でしょうか？人の心が美しいと思うのはどのような時か考えましょう。 ・優しいことをした時 ・思いやりがある時 ・我慢してる時 ・人のことを先に考えている時 ・一生懸命頑張っている時 ・助け合っている時	・グループで話し合い，美しい心について，多様な考えに触れさせる ・「花咲山で花が咲くとき」→「人の心が美しいと思うとき」と一般化し，自己の振り返りを考えやすくする ・なぜ，そう思うのか理由も聞く
	⑤自分の体験を振り返って考える ・ワークシートに記入する ・全体で発表する	人の心の美しさや素晴らしさに触れて，感動したことはどんなことでしょうか？どうしてそう思いましたか？ ・オリンピックの学習をした時に，厳しい練習にも負けないで頑張っている選手に感動した。自分に負けない姿が素晴らしくて，自分ではなかなかできないと思うから。私も，もう少し頑張ってみようと思った	・児童が美しいと思って感動したことであれば，偉大さや崇高なものから，身近なものまで柔軟に受け止める ・直接体験だけでなく本や映画などの間接体験でもいいことを伝える ・場面を考えるのが難しい児童には，④の発問の板書や導入の写真などを参考にして場面を選べるようにする
終末	⑥本時の振り返りと学習の感想を書く ・「道徳ノート」に書く	学習したことを振り返って，学んだこと，考えたこと，思ったことを「道徳ノート」に書きましょう。	・本時の学習の感想を自由な視点で書かせる

97

D-20 感動, 畏敬の念

美しいものや気高いものに感動する心をもつこと。

評価のためのキーワード
①美しい, 素晴らしいと感動する気持ちをもつ
②人の心が美しいと感動する時やその理由について考える
③美しい心について多面的・多角的に考える
④自分が感動した美しい心について具体的に考え, 自己の生き方とつなげる

人の心の美しさや気高さを感じ取れる自分に気付いて, 素直に感動する心を育てたいです。その心が自分を見つめ直したり, 自分を高めたりするきっかけにもなります。

道徳ノートの評価文例

👍 目標に向かってあきらめずに努力している選手のすばらしさに気付き, 自分と比べて考えられたことがりっぱです。

📣 自分のことより相手のことを考える心の美しさに気付きましたね。この心に少しずつ近づいていきたいですね。

通知表 NG 文例

●「感動, 畏敬の念」の学習では, 人の心の美しさや素晴らしさについて理解できました。

[なぜ？NG]：道徳的心情は理解したか把握できない。理解することがねらいではない。

●教材「花さき山」の授業では, 話の内容を読み取って, 登場人物の気持ちを考えることができました。

[なぜ？NG]：心情の読み取りは道徳科のねらいではない。

通知表の評価文例

教材「花さき山」の学習では，人の心の美しさや素晴らしさについて考えました。「テレビでみんながやりたくないことを自ら進んで行っている人の話を見たことがあり，心が美しいな，素晴らしいなと思ったことがある」と自分の体験を具体的に振り返りました。

登場人物に共感し，自分のこととして考えました。教材「花さき山」では，心の美しさで咲く花の話を通して，「急いでいる人に順番を譲ったときに譲り合いの花を咲かせたことがある」と自分を振り返って考えました。

自分の考えをもち，「なるほど」「みんなはこんな意見なんだ」と友達の考えと比べながら交流しました。その結果，さまざまな考え方があることに気付き，自分の考えを広げたり深めたりする姿が見られました。

 ## 指導要録の評価文例

友達と交流する中で多面的・多角的な考えに触れ，自分の経験を振り返って考えられるようになった。

登場人物に自分を重ねて考え，自分を振り返る学習を通して，客観的に自分の生き方を見つめられるようになった。

編著者紹介

渡邉　満（わたなべ　みちる）

広島文化学園大学教授
1950年広島県生まれ。広島大学大学院教育学研究科博士課程修了。博士（教育学）。兵庫教育大学，岡山大学を経て2016年4月より現職。日本道徳教育方法学会・会長。東京書籍の道徳科教科書（小学校，中学校）の編集代表を務める。共著書は『中学校における「特別の教科　道徳」の実践』（2016年　北大路書房），『新教科「道徳」の理論と実践』（2017年　玉川大学出版部），『中学校「特別の教科　道徳」の授業プランと評価の文例』（2019年　時事通信社）等。

執筆者紹介

（五十音順　所属は執筆時）

石川庸子	埼玉県川口市立芝小学校校長（第1章）	
石﨑正人	愛媛大学教育学部附属小学校教諭（第2章：内容項目9）	
伊住継行	環太平洋大学次世代教育学部講師（第2章：内容項目12・13）	
日下部憲一	北海学園大学教職課程非常勤講師（第2章：内容項目4・6）	
薄　千里	筑紫女学園大学人間科学部非常勤講師（第2章：内容項目17・19）	
鈴木　篤	大分大学教育学部准教授（第2章：内容項目1・2・3）	
髙柳充利	信州大学教育学部准教授（第2章：内容項目16）	
中尾優貴	島根県出雲市立荒木小学校教諭（第2章：内容項目10）	
馬場喜久雄	元全国小学校道徳教育研究会会長（第2章：内容項目5）	
松岡敬興	山口大学大学院教育学研究科准教授（第2章：内容項目7・8）	
丸橋静香	島根大学大学院教育学研究科教授（第2章：内容項目11）	
山岸賢一郎	福岡大学人文学部准教授（第2章：内容項目14・15・18）	
吉羽扶美子	東京都板橋区立板橋第四小学校主幹教諭（第2章：内容項目20）	
渡邉　満	（第1章）	

小学校「特別の教科　道徳」の授業プランと評価の文例【中学年】
道徳ノートと通知表所見はこう書く

2019年10月31日　初版発行

編著者　　渡邉　満
発行者　　武部　隆
発行所　　株式会社時事通信出版局
発　売　　株式会社時事通信社
　　　　　〒104-8178　東京都中央区銀座5-15-8
　　　　　電話 03(5565)2155　http://book.jiji.com

ブックデザイン／永山浩司＋花本浩一
カバー装画：高橋三千男
印刷・製本／中央精版印刷株式会社

ⓒ 2019　WATANABE, michiru
ISBN978-4-7887-1649-0 Printed in Japan
落丁・乱丁はお取り替えいたします。定価はカバーに表示してあります。
★本書のご感想をお寄せください。宛先はmbook@book.jiji.com